Petra Pichlhöfer: Rätselblätter Biologie – Sekundarstufe I

Inhaltsverzeichnis

Der Schwierigkeitsgrad der Arbeitsblätter ist an den Sternchen ablesbar:
vom einfachen Rätsel (*) bis zur anspruchsvollen Herausforderung (***).
Die im Inhaltsverzeichnis kursiv gedruckten Arbeitsblätter sind ohne Vorkenntnisse lösbar.

9783834426291

Geschichte der Biologie

Schneide die Zeitstreifen aus und bringe sie in die richtige Reihenfolge!

Die Lösungsbuchstaben ergeben von oben nach unten gelesen, was „Biologie“ bedeutet.

L _ _ _ _ _   _ _ _ _   _ _ _ _ _ _ _

H	1665 führt der englische Wissenschaftler Robert Hooke den Begriff „Zelle“ ein und arbeitet an der Verbesserung des Mikroskops mit.
B	„Lucy“ heißt das Skelett eines frühen, aufrecht gehenden Menschen, der vor ca. 3,3 Mio. Jahren gelebt hat. Es wird 1974 in Äthiopien gefunden.
E	Der flämische Arzt Andreas Vesal begründet die Anatomie (Lehre vom Bau der Lebewesen) im Jahr 1543.
E	1771 experimentiert der Physiker Luigi Galvani mit sezierten Fröschen und entdeckt die Verbindung zwischen Muskelbewegung und elektrischen Impulsen.
N	1996 gelingt erstmals das Klonen eines Säugetiers. Das erste geklonte Schaf wird unter dem Namen „Dolly“ berühmt.
O	1856 begründet der französische Chemiker Louis Pasteur die Mikrobiologie. Er entwickelt Impfstoffe und erfindet das Haltbarmachen durch Erhitzen (Pasteurisieren).
L	**Ca. 350 v. Chr. versucht der griechische Philosoph Aristoteles, Tiere in einem System zu ordnen.**
E	1984 wird erkannt, dass die DNA jedes Individuum so eindeutig kennzeichnet wie sein Fingerabdruck: Man spricht vom „genetischen Fingerabdruck“.
E	1953 wird die DNA, Träger der Erbinformationen, entdeckt.
R	Die ersten Einzeller werden 1677 mit Hilfe einfacher Mikroskope sichtbar gemacht.
M	Der englische Naturforscher Charles Darwin veröffentlicht 1859 interessante Evolutionstheorien.
V	Die Photosynthese (Vorgang, bei dem grüne Pflanzen Sauerstoff und Zucker produzieren) wird 1779 entdeckt.
L	Ca. 1860 legt der österreichische Botaniker Gregor Mendel mit den Vererbungsgesetzen die Grundlagen der Genetik.

Unser Herz

Die Buchstaben in den grau unterlegten Feldern ergeben in der richtigen Reihenfolge ein aufregendes Gefühl.

Beachte:
Ä = AE   Ö = OE
Ü = UE   ß = SS

1. Mit dieser Aufnahme untersucht der Arzt die Arbeit des Herzens (Abkürzung).
2. Das Schließen der … erzeugt die Herztöne.
3. Arzt der Inneren Medizin, der sich mit Erkrankungen des Herzens beschäftigt
4. Blutbahnen, die das Blut vom Herzen wegführen
5. Zwischen welchen Flügeln ist das Herz eingebettet?
6. Was hebt und senkt sich beim Atmen und liegt unterhalb des Herzens?
7. Mit diesem Gas versorgt das Blut die Zellen.
8. Bei Anstrengung schlägt das Herz … .
9. Das Herz ist eine …, die unserem Willen nicht unterworfen ist.
10. In wie viele Teile teilt die Scheidewand das Herz?
11. Das Herz pumpt das … durch den Körper.
12. Blutbahnen, in denen das Blut zum Herzen zurückgeführt wird
13. Erkrankung, bei der Teile des Herzmuskels wegen Sauerstoffmangels absterben
14. Du kannst ihn selbst messen und dabei feststellen, wie schnell dein Herz schlägt.

LÖSUNG: __ __ __ __ __ __ __ __ __ __ __
1 2 3 4 5 6 7 8 9 10 11

So funktioniert die Verdauung

Unsere Nahrung legt in unserem Körper einen langen Weg zurück: Vom Mund bis zum After sind es ca. 8 Meter! Die Nährstoffe, die unsere Lebensmittel enthalten, werden in kleinste lösliche Bestandteile zerlegt und vom Körper aufgenommen.

Organ		Buchstaben		Aufgabe
Mund	o	R T	o	An diesem Übergang von Mund- und Nasenhöhle zu Luft- und Speiseröhre werden Krankheitserreger abgewehrt.
Rachen	o	E	o	In diesem Organ wird mit Magensaft verdaut. Eiweiße werden zerkleinert.
Speiseröhre	o	I D M F	o	Diese Drüse spielt eine große Rolle bei der Verdauung und Verwertung von verdaulichen Stoffen, daneben dient sie als „Entgiftungszentrale“.
Magen	o	P	o	Die Nahrung wird hier von den Zähnen zerkleinert und dabei mit Speichel durchmischt.
Dünndarm	o	S A	o	Sie produziert Verdauungssaft und Hormone.
Leber	o	P	o	Der Kot wird hier gesammelt und anschließend über den After abgeführt.
Gallenblase	o	O M	o	Hier wird Galle zur Fettverdauung gespeichert.
Bauchspeicheldrüse	o		o	Dem verdauten Speisebrei wird Wasser entzogen und es wird der Stuhl gebildet.
Dickdarm	o	L	o	Hier erfolgt der ca. 30 cm lange Transport der Nahrung zum Magen.
Enddarm (Mastdarm)	o	B K	o	In diesem 4–5 cm langen Organ wird der Nahrungsbrei weiterverdaut und zerkleinerte Nährstoffe in das Blut aufgenommen.

Welches Organ übernimmt bei der Verdauung welche Aufgabe? Verbinde richtig! Kreise alle Buchstaben ein, die nicht von einer Verbindungslinie getroffen werden. Von unten nach oben gelesen, ergeben die Buchstaben etwas, was du nach der Verdauung unbedingt brauchst …

LÖSUNG: ______________________________

Unser Auge

Beschrifte die Abbildung und du erhältst als Lösung die Antwort auf folgende Frage:

WER HAT 21 AUGEN UND KANN DOCH NICHTS SEHEN? ___ ___ ___ ___ ___ ___ ___
1 2 3 4 5 6 7

Der kugelförmige ___ ___ ___ ___ ___ [5] ___ ___ des Menschen hat einen Durchmesser von ca. 24 mm. Er liegt geschützt in der knöchernen Augenhöhle. Beschrifte folgende Teile des Auges:

Hier wird die Flüssigkeit gebildet, die das Auge feucht hält.

___ [4] ___ ___ ___ ___ ___ ___ ___ ___ ___ ___ [6] ___ ___

Es schützt ebenfalls das Auge vor Schmutz, aber auch z. B. vor zu grellem Licht.

[7] ___ ___

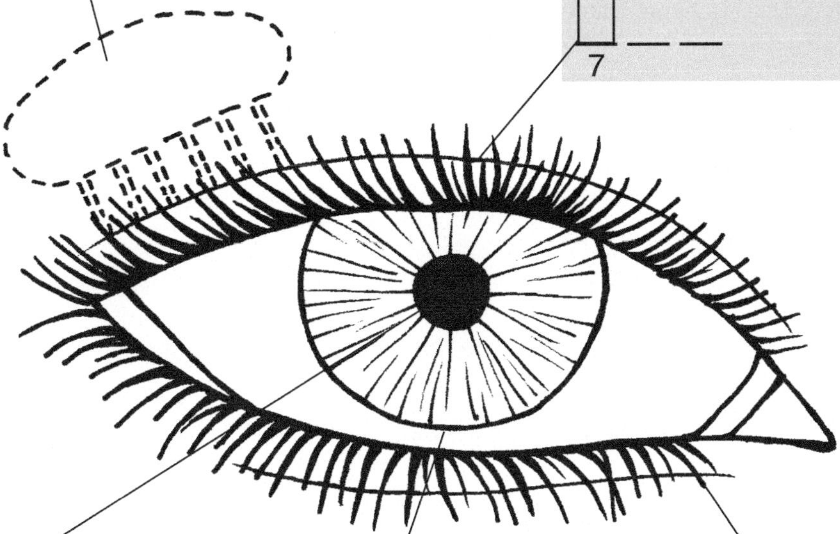

Beachte:
Ä = AE Ö = OE
Ü = UE ß = SS

Durch diesen Teil des Auges fällt das Licht in das Auge ein.

___ [2] ___ ___ ___ ___ ___ ___ ___

Sie fangen Schmutzteilchen aus der Luft ab und schützen das Auge.

[1] ___ ___ ___ ___ ___ ___ ___ ___

Diese Blende des Auges reguliert den Lichteinfall. Sie kann unterschiedlich gefärbt sein.

___ [3] ___ ___ ___ ___ ___ ___ ___ ___ ___ ___ ___ ___ ___

Unser Ohr

Beachte:
Ä = AE   Ö = OE
Ü = UE   ß = SS

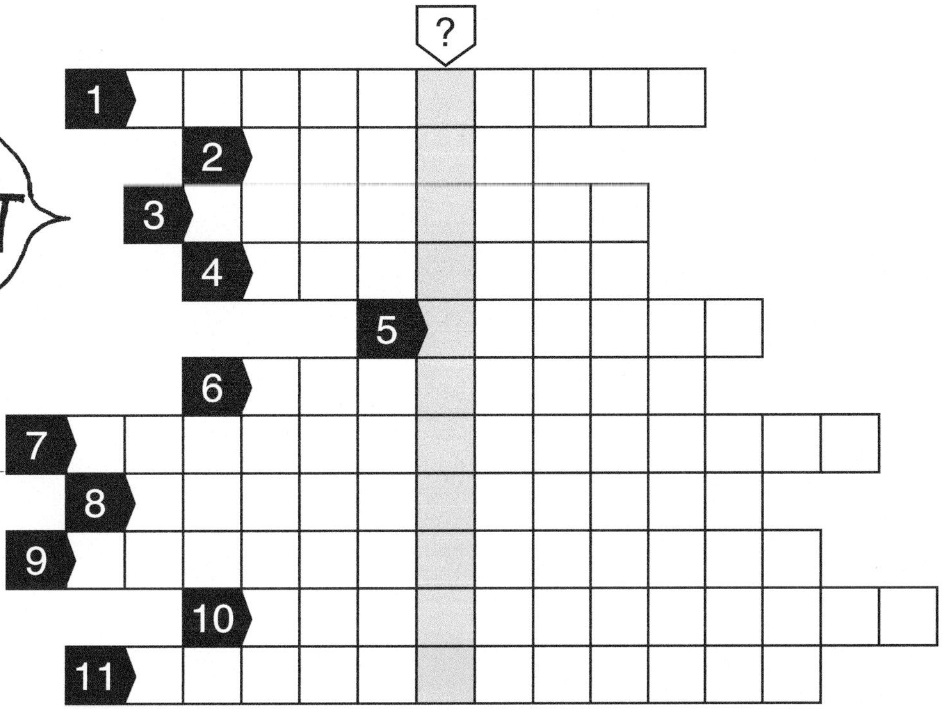

1. Teil des Ohrs, der von außen zu sehen ist
2. Einheit der Frequenz (Anzahl der Schwingungen pro Sekunde)
   Der Mensch hört im Bereich von 30–18.000 …
3. Bereich im Innenohr, in dem sich die Hörsinneszellen befinden
4. Maßeinheit für Schalldruck (Lautstärke). Ein Gespräch hat eine Lautstärke von ca. 50 …; ein Presslufthammer von ca. 120.
5. Erst hier werden die empfangenen Signale als Töne wahrgenommen.
6. ein anderes Wort für Gehörlosigkeit
7. Das Ohr ist ein sehr empfindliches Organ; beim Tauchen darf man daher den … nicht vergessen!
8. Dieses dünne Häutchen (ca. 55 mm^2 groß) trennt das Außenohr vom Mittelohr.
9. Das Ohr ist nicht nur für das Hören verantwortlich, sondern auch für das …
10. Die Drüsen im Gehörgang bilden …, welches Schmutzteilchen abfängt und dadurch das Trommelfell schützt.
11. Ein Geräusch wird empfangen, wenn … das Trommelfell in Schwingung versetzen.

Im Ohr befindet sich der mit 3 mm kleinste Knochen in unserem Körper.

Dieser Knochen heißt ______________________________

Unsere Haut

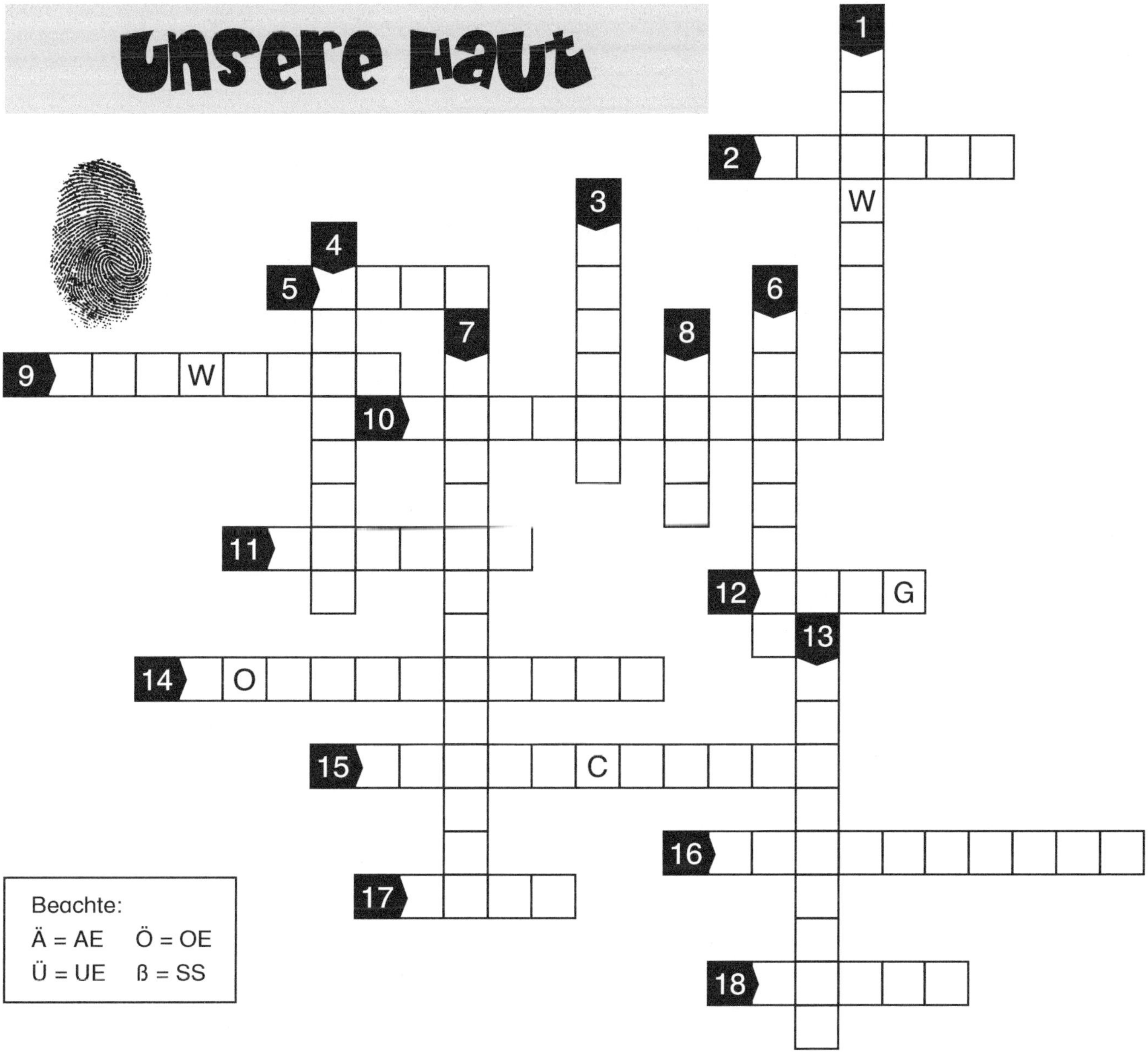

Beachte:
Ä = AE Ö = OE
Ü = UE ß = SS

1. verdickte Hautstellen, die z. B. durch besondere Beanspruchung an den Händen entstehen (durch Druck, Reibung, …)
2. Die Haut grenzt den Körper nach außen hin ab und gibt ihm … vor Umwelteinflüssen.
3. Hornplatten, die die Endglieder der Finger und Zehen schützen
4. häufige Erkrankung der Haut an den Füßen
5. Es wird in der Unterhaut gespeichert und schützt vor Druck und Kälte.
6. Farbstoffe in der Haut, die für die Hautfarbe verantwortlich sind
7. An den Fingerkuppen hat jeder Mensch ein für ihn charakteristisches Muster, mit dem er seinen individuellen … hinterlässt.
8. Öffnung einer Schweißdrüse nach außen
9. kühlende Flüssigkeit, die die Haut ausscheidet
10. Durch die Haut spürt man z. B. Schmerz, Druck und Wärme. Sie ist ein …
11. Bei starker Verbrennung bildet die Haut …
12. Er kommt aus den Poren und hält die Haut geschmeidig.
13. Fleck auf der Haut
14. Hautrötung nach zu langem Sonnenbad
15. oberste Hautschicht
16. Wenn sich – z. B. bei Kälte – die Härchen auf der Haut aufrichten, spricht man von ...
17. Hautkrankheit, die besonders Jugendliche in der Pubertät haben
18. Sie haben ihre Wurzeln in der Lederhaut und wachsen nach außen. Auf dem Kopf hast du ca. 120.000 davon.

Rund um unsere Zähne

Wusstest du, dass die Zahnbürste schon vor 500 Jahren von den Chinesen erfunden wurde? Sie verwendeten damals Schweineborsten zur Reinigung. In Europa gibt es erst seit ca. 200 Jahren Zahnbürsten.

Wann bekommt ein Kleinkind etwa die ersten Zähne?	○ **noch vor der Geburt** Du	○ **mit ca. 6 Monaten** Lächeln	○ **kurz vor Schuleintritt** Es
Wie viele Zähne hat das erste Milchgebiss?	○ **4** wird	○ **10** hat	○ **20** ist
Im Grundschulalter bildet sich dann das erste Dauergebiss mit ...	○ **32 Zähnen** die	○ **40 Zähnen** der	○ **beliebig vielen Zähnen** das
Die acht vorderen Zähne, die die Nahrung abschneiden, heißen ...	○ **Frontal-zähne** ärgste	○ **Schneide-zähne** schönste	○ **Messer-zähne** neue
Jeder Zahn ist eingebettet in ...	○ **Zahn-fleisch** Art	○ **Haut-schuppen** wo	○ **Knorpel** er
Wie heißt die äußere Schicht des Zahnes, die aus der härtesten menschlichen Substanz besteht?	○ **Zahn-diamant** niemals	○ **Zahn-quarz** dir	○ **Zahn-schmelz** jemandem
Welche Krankheit können selten oder schlecht geputzte Zähne bekommen?	○ **Kantine** bei den	○ **Karies** die	○ **Karambol** dort
Eine andere Zahnerkrankung, der Zahnfleischschwund, heißt auch ...	○ **Parodon-tose** Zähne	○ **Paragleiter** Nerven	○ **Parasit** Augen
Ein Teil vom Zahn, der auch in der Mathematik gezogen wird, heißt ...	○ **Sub-trahend** bis	○ **Komma** ein	○ **Wurzel** zu
Wie heißen die Knochen des Gesichtsschädels, die die Zähne tragen?	○ **Kiemen** jetzt!	○ **Kiefer** zeigen!	○ **Nasenbein** können!

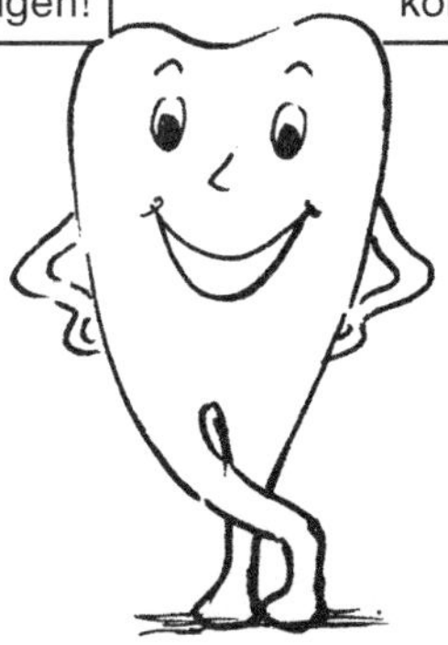

Wenn du das richtige Feld ankreuzt, erhältst du als Lösung einen klugen Satz:

____

____.

UNSER SKELETT

Beschrifte die Knochen des Skeletts. Die Lösungsbuchstaben verraten dir, aus wie vielen Knochen das Skelett eines erwachsenen Menschen ungefähr besteht (die genaue Anzahl kann individuell etwas abweichen).

Beachte:
Ä = AE Ö = OE
Ü = UE ß = SS

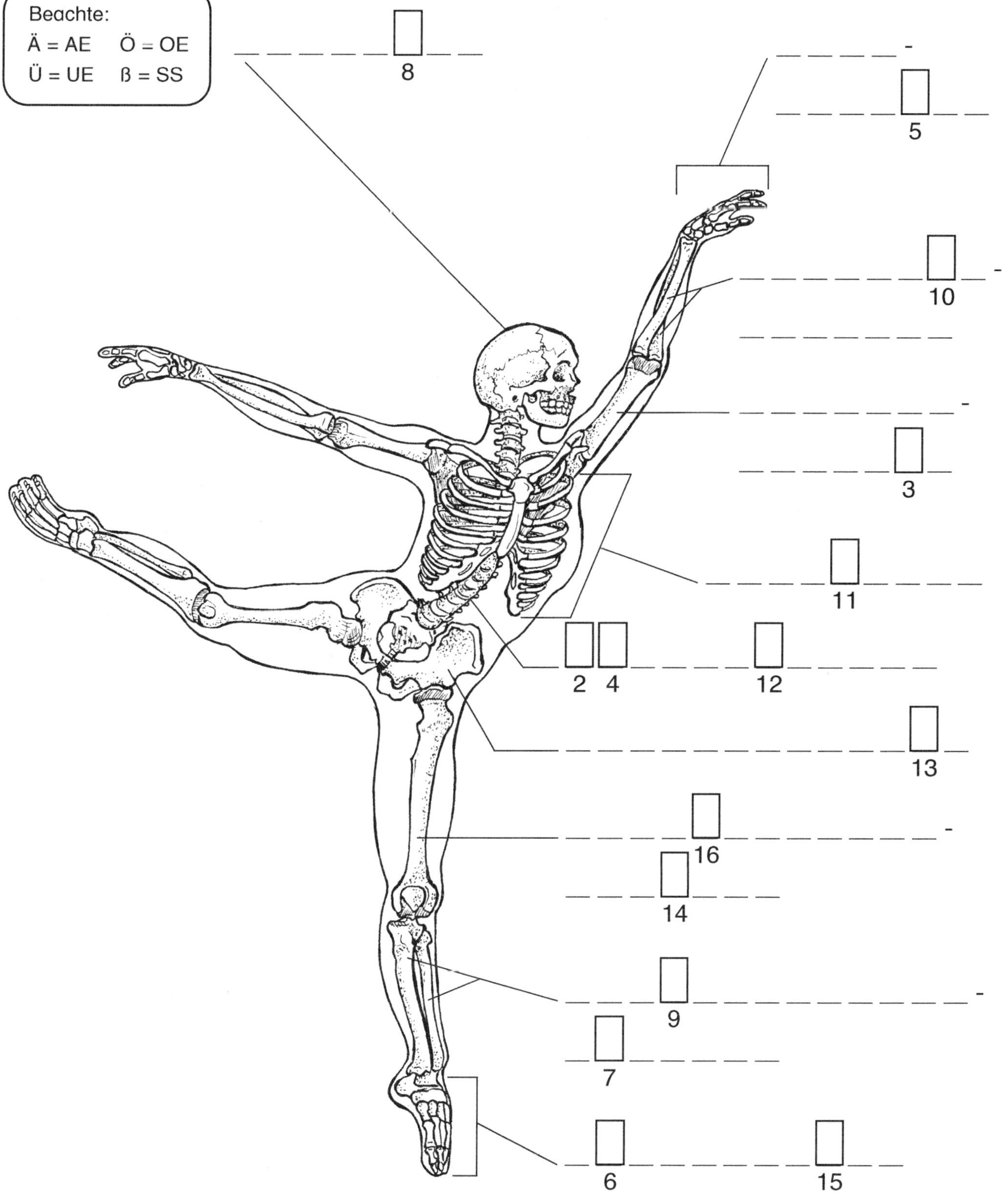

LÖSUNG: Z __ __ __ __ __ __ __ __ __ __ __ __ __ __ __

1 2 3 4 5 6 7 8 9 10 11 12 13 14 15 16

Unser Blut

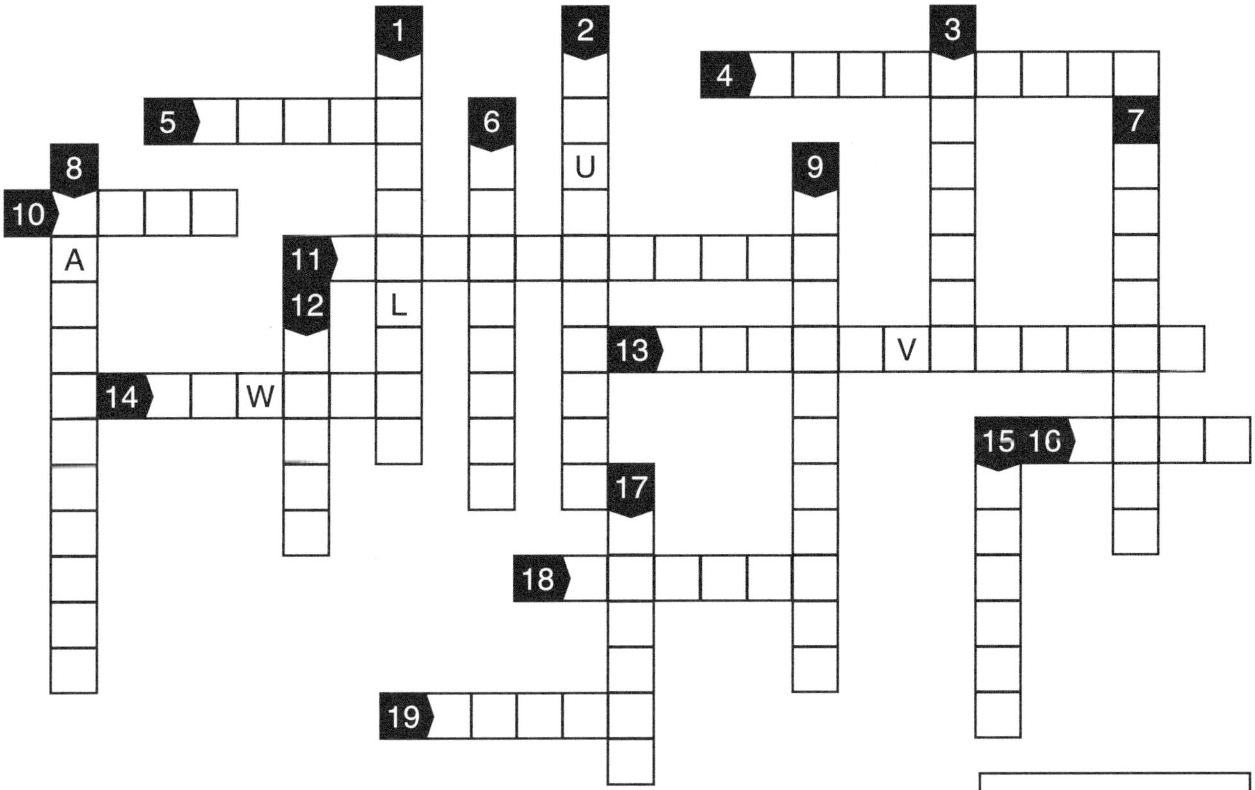

Beachte:
Ä = AE Ö = OE
Ü = UE ß = SS

1. dünnes Haargefäß, das die Organe durchzieht
2. Dieses Gas wird von den roten Blutkörperchen transportiert.
3. Blutarmut
4. lebensbedrohliche Erkrankung, auch „Blutkrebs“ genannt
5. Hauptschlagader
6. Adern, in denen das Blut vom Herzen in den Körper transportiert wird
7. Vorgang, bei dem sich das Blut verfestigt und der den Wundverschluss herbeiführt
8. roter Blutfarbstoff
9. Hier werden die roten Blutkörperchen gebildet.
10. zentrale Pumpe des Blutkreislaufs
11. Karl Landsteiner entdeckte verschiedene …
    Sie sind als A, B, AB und 0 bekannt.
12. Adern, in denen das Blut zum Herzen zurückfließt
13. Erste Hilfe bei starker Blutung
14. Aufgabe der weißen Blutkörperchen
15. Zu 90 % besteht die Blutflüssigkeit aus …
16. Blutwelle, durch den Herzschlag ausgelöst und besonders gut am Handgelenk zu fühlen
17. Mensch, bei dem durch eine Erbkrankheit bedingt die Blutgerinnung gestört ist
18. flüssiger Bestandteil des Blutes
19. Hier nimmt das Blut Sauerstoff auf und gibt Kohlenstoffdioxid ab.

Richtig verhütet

Es gibt verschiedene Methoden, um Empfängnis zu verhüten. Wichtig ist es, die Vor- und Nachteile der einzelnen Methoden zu kennen, um entscheiden zu können, welche man einsetzen möchte.

Dieses „Gummihäubchen“ wird über den Penis des Mannes gestülpt, damit beim Geschlechtsverkehr kein Sperma in die Scheide der Frau gelangt. Es schützt auch vor sexuell übertragbare Krankheiten.	o	B E	o	Spirale
Gummimembran, die vor dem Geschlechtsverkehr in die Scheide eingeführt wird und den Muttermund verschließt.	o	L I	o	Dreimonatsspritze
Ein in Kupferdraht gewickeltes Plastik-T, das in die Gebärmutter der Frau eingesetzt wird. Es verhindert die Befruchtung und eine Einnistung des Eis.	o	B D E	o	Diaphragma
Regelmäßig schluckt die Frau in Form von Tabletten Hormone, die das Heranreifen einer Eizelle verhindern.	o	R O	o	Sterilisation
Vierteljährlich spritzt der Arzt der Frau Hormone, die den natürlichen Hormonzyklus stört. Es reift kein Ei heran und der Eisprung bleibt aus.	o	P F A	o	Kondom
Beim Mann oder bei der Frau wird ein operativer Eingriff vorgenommen, der unfruchtbar macht. Er ist in der Regel nicht mehr rückgängig zu machen.	o	R	o	Pille
Es wird vor dem Geschlechtsverkehr in die Scheide eingeführt. Dort bildet es einen Schaum, der die Spermien abfängt und abtötet.	o	T G S	o	Implanon (Verhütungsstäbchen)
Die Frau bekommt am Arm ein Kunststoffstäbchen unter die Haut implantiert, welches über drei Jahre Hormone freisetzt, die eine Schwangerschaft verhindern.	o	M N	o	Scheidenzäpfchen
Täglich misst die Frau über einen längeren Zeitraum ihre Körpertemperatur und erstellt eine Temperaturkurve. Bei regelmäßigem Zyklus kann sie an Temperaturschwankungen fruchtbare Tage erkennen und vorhersagen.	o	E U K	o	Pille danach
Sie wird max. 72 Stunden nach dem ungeschützten Geschlechtsverkehr eingenommen und soll eine Befruchtung verhindern. Sie bedarf ärztlicher Verordnung und ist keine regelmäßige Verhütungsmethode!	o	R	o	Temperaturmethode

Verbinde die Verhütungsmethoden mit den passenden Beschreibungen. Mit den Buchstaben, die nicht von den Linien getroffen werden, kannst du folgenden Satz vervollständigen:

Für richtige Verhütung sind _ _ _ _ _ _ _ _ _ _ _ _ _ _ _ _ verantwortlich.

EIN KIND ENTSTEHT

Schneide die Streifen aus und bringe sie in die richtige Reihenfolge!

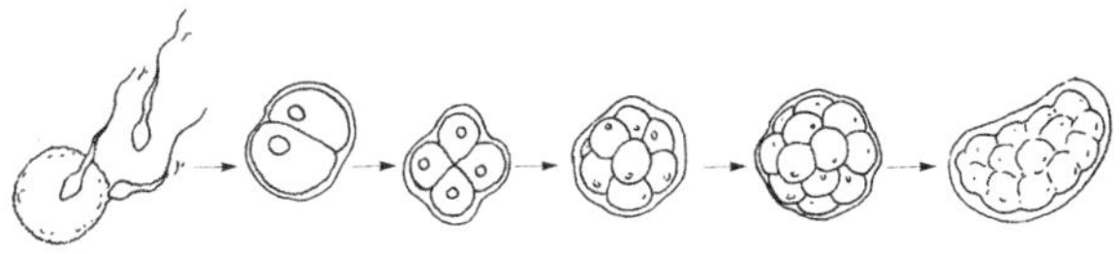

Lösung: _ _ _ _ _ _ _ _ _ _ _ _ _ _

R	Am Ende des 2. Monats macht das Kind seine ersten **Bewegungen**, die die Mutter aber noch nicht spüren kann.
A	Das befruchtete Ei beginnt sich zu entwickeln. Die Frau ist **schwanger**.
S	**Pubertät** ist die Zeit der Geschlechtsreifung. In der Pubertät werden wir fortpflanzungsfähig.
A	Auf natürlichem Wege wird das Baby durch die Scheide geboren. Die **Geburt** wird durch **Wehen** eingeleitet.
W	Wird so das Ei befruchtet, nistet es sich in der **Gebärmutter** ein – etwa in der Mitte des **Zyklus**.
H	Gelangen männliche **Spermien** in die **Scheide**, schwimmen sie in Richtung Eileiter. Treffen sie hier auf ein befruchtungsfähiges Ei, dringt das schnellste Spermium in das Ei ein.
F	Die Nabelschnur wird abgeschnitten (**Entbindung**) und das Baby atmet zum ersten Mal durch seine Lunge.
C	Ab dem 5. Monat im Bauch kann die Mutter das **Strampeln** des ungeborenen Kindes spüren.
E	Ab der 4. Schwangerschaftswoche schwimmt der Embryo im **Fruchtwasser** der **Fruchtblase** und ist dort geschützt gegen Stöße. Über die Nabelschnur wird er versorgt.
T	Die Mutter kann ihr Kind **stillen**. Das Kind hat das Saugen bereits im Mutterleib geübt. Es wird **Säugling** genannt.
S	Im 3. Schwangerschaftsmonat entwickeln sich bereits **Organe** und **Sinne** und nehmen ihre Tätigkeit auf. Jetzt spricht man nicht mehr vom Embryo, sondern vom **Fötus**.
G	Am Ende der 3. Schwangerschaftswoche fängt schon das **Herz** des **Embryos** zu schlagen an.
H	Ab dem 7. Schwangerschaftsmonat sind die Lungen des Fötus funktionsfähig und er hat bei einer **Frühgeburt** gute Überlebenschancen.
N	Die **Gebärmutterschleimhaut** wird jetzt nicht mehr abgebaut, sondern verdickt; daher bleibt die Regelblutung aus.
C	Ist die Frau geschlechtsreif, bedeutet es, dass monatlich einmal ein **befruchtungsfähiges Ei** vom **Eierstock** in den **Eileiter** abgegeben wird und in Richtung Gebärmutter wandert.

Richtig essen hält fit

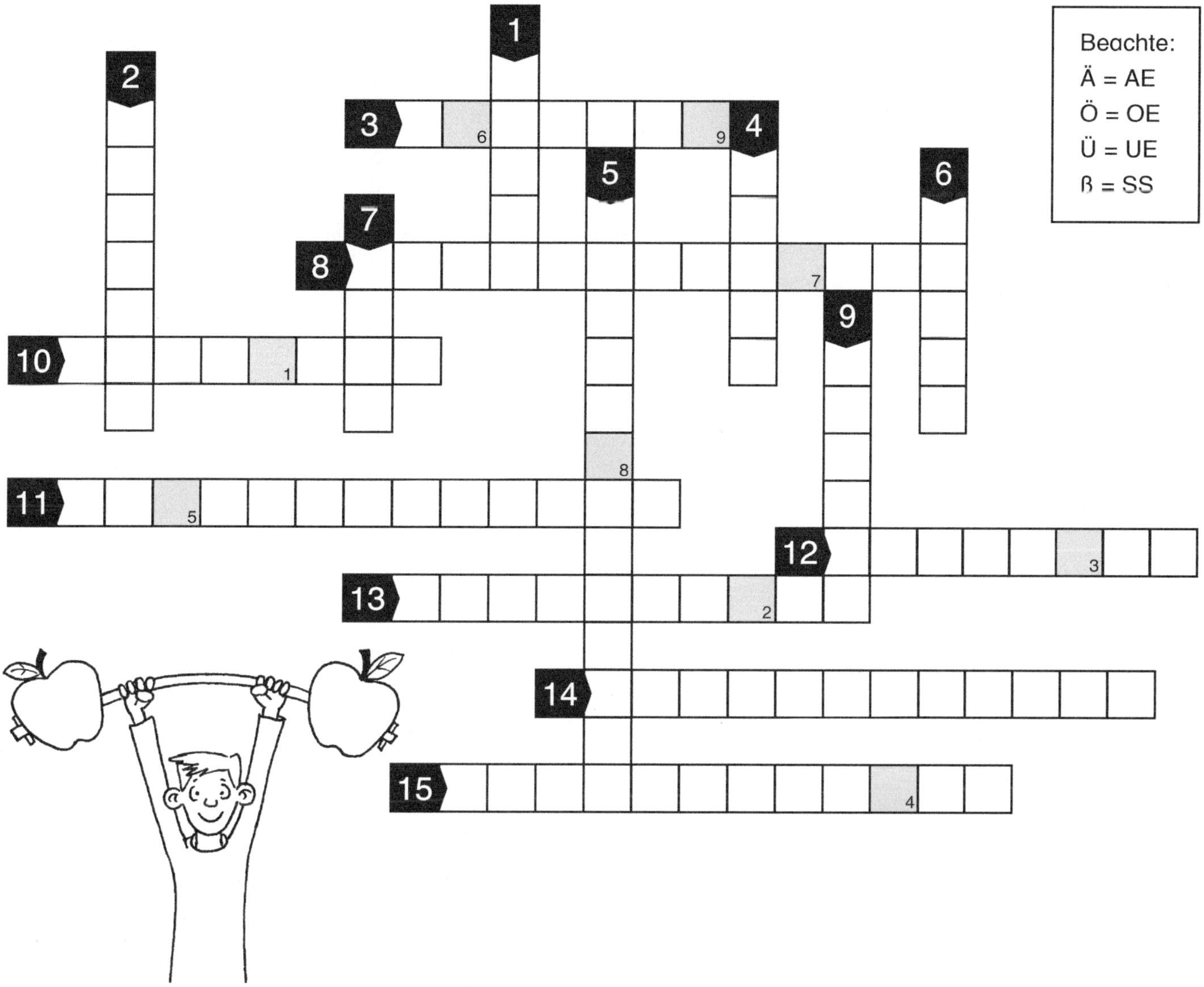

1. Einheit der Energie, die dem Körper mit der Nahrung zugeführt wird
2. Geschmacks-, Farb- und Duftstoffe regen ihn an.
3. Erkrankung durch Vitamin-C-Mangel, die früher häufig bei Seefahrern auftrat
4. Nahrungsbestandteil, v. a. in Produkten wie Butter, Öl, Margarine oder Speck enthalten
5. Sie können im Darm nicht zerlegt werden, regen aber die Verdauung an.
6. Sie ist die Entgiftungszentrale des Körpers.
7. Hier beginnt die Verdauung.
8. Eisen, Calcium und Magnesium sind wichtige ..., die der Körper braucht.
9. Dein Körper besteht zu etwa 2/3 daraus!
10. vom Körper nicht als Energielieferant, sondern für andere lebenswichtige Aufgaben benötigte Substanzen
11. Nahrungsbestandteil, v. a. in Produkten wie Brot, Teigwaren und Kartoffeln enthalten
12. Nahrungsbestandteil, v. a. in Produkten wie Fisch, Eiern, Fleisch oder Milch enthalten
13. Mensch, der bei seiner Ernährung auf Fleisch verzichtet
14. Die Vitamine A, D, E und K sind ..., daher ist eine fettfreie Ernährung ungesund.
15. kann als Folge von übermäßiger oder unausgewogener Ernährung auftreten

Die richtige Ernährung ist eine ausgewogene _ _ _ _ _ _ _ _ _ .
1 2 3 4 5 6 7 8 9

Erste Hilfe ✚ bei kleineren Verletzungen

Kleine Verletzungen passieren schnell! Daher ist es wichtig zu wissen, wie man Erste Hilfe leistet, um seine Mitmenschen richtig zu versorgen, bis – wenn es nötig ist – ein Arzt zur Stelle ist.

Verbinde richtig! Die Buchstaben, die nicht von einer Verbindungslinie getroffen werden, ergeben von oben nach unten gelesen das Lösungswort.

Kleine Wunden wie Abschürfungen oder Schnitte behandelt man ○	○ einem sterilen Verband ab, bis der Arzt sie behandelt.
Größere Blutungswunden deckt man mit ○	○ nur entfernen, wenn sie nicht haftet; die Körperstelle unter fließendem Wasser kühlen.
Bei einer **kleineren Verbrennung** soll man die Kleidung ○	○ mit Sprühdesinfektion und klebt ein Pflaster darüber.
Bei einer **kleineren Verbrühung** die Kleider ○	○ getränkte Kleider entfernt und die Haut mit viel Wasser intensiv abgespült.
Nach **Tierbissen** soll die Wunde sofort mit ○	○ kalten Umschlägen vermindert werden. Vorsicht bei Stichen im Mund: Eis lutschen und Notruf tätigen!
Bei **Insektenstichen** soll die Schwellung mit ○	○ entfernen und die Hautstelle unter fließendem Wasser kühlen.
Zecken, die sich festgebissen haben, sollen ○	○ dann die Entgiftungszentrale angerufen werden.
Bei **Verätzungen** der Haut werden ○	○ heißem Seifenwasser ausgewaschen werden. Das tötet Tollwutviren.
Nach dem **Schlucken von ätzenden Stoffen** soll der Mund ausgespült und ○	○ kalten Umschlägen und Ruhigstellen, evtl. Hochlagern, versorgt.
Eine **Quetschung** und eine **Verstauchung** werden mit ○	○ nach vorne gebeugt werden. Kalte Umschläge im Nacken können helfen.
Bei **Nasenbluten** soll der Kopf ○	○ möglichst gerade mit einer Pinzette herausgezogen werden.

U B N F R A L L C K V F E J R S H S Ü M T U I N N W G

Besser als jede Erste Hilfe ist eine gute ______________________ .

Fachärzte

Sicher warst du schon bei einigen Ärzten. Weil die Medizin eine sehr umfassende Wissenschaft ist, haben sich viele Ärzte auf Fachgebiete spezialisiert. Manche Bezeichnungen hast du vielleicht schon einmal gehört.

Finde heraus, wie sich folgende Fachärzte nennen:

Beachte:
Ä = AE Ö = OE
Ü = UE ß = SS

_ _ _ _ _ _ _ _ _ _ _ _ 	Dieser Arzt beschäftigt sich mit Methoden der Schmerztherapie und der Notfallmedizin. Er wird z. B. für Narkosen herangezogen.
_ _ _ _ _ _ _ 	Der Name dieses Arztes leitet sich von dem griechischen Wort für „Handwerk“ ab. Er behandelt Krankheiten und Verletzungen z. B. durch Operation.
_ _ _ _ _ _ _ _ _ _ _ 	Dieser Arzt behandelt Krankheiten der weiblichen Geschlechtsorgane. Außerdem betreut er Frauen während der Schwangerschaft und Geburt medizinisch.
_ _ _ _ _ _ _ _ _ _ _ 	Er ist Spezialist, wenn es um die Behandlung und Betreuung von Patienten mit Erkrankungen der Haut geht.
_ _ _ _ _ _ _ _ _ _ 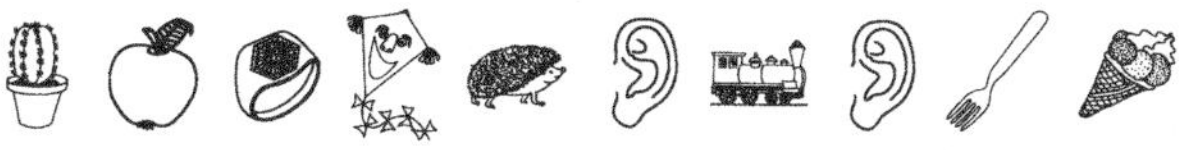	Er ist Facharzt für Herz- und Herz-Kreislauf-Erkrankungen.
_ _ _ _ _ _ _ _ _ 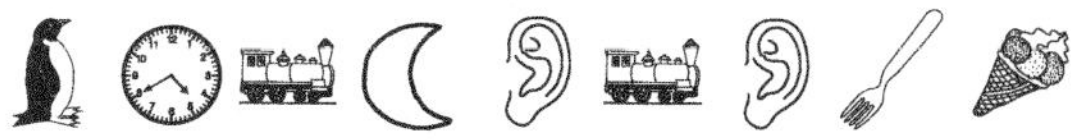	Sein Spezialgebiet sind die Erkrankungen der Lungen und der Bronchien.
_ _ _ _ _ _ _ _ _ 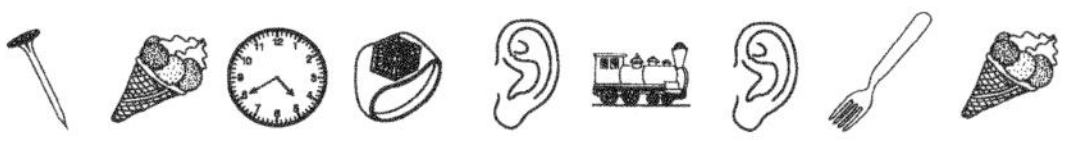	Er befasst sich mit den Erkrankungen des zentralen und peripheren Nervensystems (Gehirn, Rückenmark, Nerven).
_ _ _ _ _ _ _ 	Dieser Arzt ist Fachmann für Krankheiten der Niere, der Harnwege und der männlichen Geschlechtsorgane.

Schutz vor AIDS

Ja oder nein? Wenn du die richtige Antwort ankreuzt, bekommst du die Lösung!	**Ja!**	**Nein!**
HIV[1] ist die Abkürzung für das Menschliche Immunschwäche-Virus. HIV-infiziert oder HIV-positiv bedeutet, dass eine Ansteckung mit dem HI-Virus vorliegt, der/die Betroffene aber keine Krankheitsanzeichen hat.	○ **K**	○ **L**
AIDS[2] ist eine erworbene Immunschwächekrankheit. AIDS-krank bedeutet, dass Krankheitssymptome oder Folgeerkrankungen bereits vorhanden sind.	○ **O**	○ **I**
Sexuell übertragbare Krankheiten sind in den letzten Jahren – auch in unseren Breiten – im Vormarsch. Die wichtigsten sind: Grippe, Masern, Röteln und Malaria.	○ **E**	○ **N**
Um sich **anzustecken**, muss eine infektiöse Körperflüssigkeit in den Körper gelangen. Dies kann entweder über Schleimhäute, offene Wunden oder Injektionen erfolgen.	○ **D**	○ **B**
Infektiöse Körperflüssigkeiten sind v. a. Blut, Sperma, Scheidenflüssigkeit, Gehirn- und Rückenmarksflüssigkeit.	○ **O**	○ **E**
Ebenfalls **hochinfektiös** sind das Badewasser eines HIV-Infizierten, Schweiß, Nasensekret, Speichel und Urin.	○ **F**	○ **M**
Ungeschützter Sexualverkehr, sowohl vaginal als auch anal, sind wie der ungeschützte Oralverkehr ein Risiko.	○ **E**	○ **R**
Kaum ein Risiko ist das gemeinsame Benutzen von Injektionsnadeln und Spritzen bei Drogensüchtigen, das so genannte **Needle-Sharing**.	○ **I**	○ **S**
Eine Infektion kann über **Blut oder Blutprodukte** erfolgen. Die Wahrscheinlichkeit, eine HIV-positive Blutkonserve zu erhalten, liegt bei ca. 1:3.	○ **D**	○ **C**
Der häufigste HIV-Übertragungsweg ist **ungeschützter Geschlechtsverkehr** mit einem infizierten Partner oder einer infizierten Partnerin.	○ **H**	○ **M**
Küssen eines Aidskranken ist sehr riskant. Mundschleimhaut kommt dabei mit **Speichel** in Kontakt, das führt zwangsläufig zu einer Ansteckung.	○ **Ä**	○ **Ü**
Über **Insektenstiche** kann eine Infektion übertragen werden.	○ **R**	○ **T**
Wenn man nach dem ungeschützten Geschlechtsverkehr drei Monate bis zum **HIV-Antikörpertest** wartet, so ist das Testergebnis ziemlich sicher.	○ **Z**	○ **F**
AIDS ist **nicht heilbar**, aber behandelbar! Es gibt (noch) keine Substanz, die HIV aus dem Organismus entfernen kann, aber mit der Kombinationstherapie lassen sich das Virus und die Symptome gut kontrollieren.	○ **E**	○ **L**
Um eine Ansteckung zu verhindern, gibt es die **„Pille danach“**. Gleich nach der Risikosituation wird eine Tablette geschluckt und die **Ansteckungsgefahr** ist danach fast 0.	○ **S**	○ **N**

Weltweit sind ca. 40 Millionen Menschen von HIV/AIDS betroffen. Die Zahl der Todesopfer im Jahr 2005 beträgt 3,1 Mio. Menschen. Im Jahr 2005 infizierten sich weltweit rund 4,9 Mio. Menschen neu mit der Immunschwächekrankheit (Quelle: UNAIDS 2005). Bedenke:

Lösung: __ __ __ __ __ __ __   __ __ __ __ __ __ __ __ !

[1] HIV: Abkürzung für englisch *Human Immunodeficiency Virus*

[2] AIDS oder Aids: Abkürzung für englisch *Acquired Immune Deficiency Syndrome*

Rauchen – nein danke

Eine Zigarettensucht kann genauso stark sein wie die Abhängigkeit von Alkohol, Heroin oder Kokain. Jedes Abgewöhnen fällt schwerer als der Verzicht von Anfang an!

Rauchen verändert das E _ _ G _ _ ! +13 -16 +5 +14 -1	Jede Zigarette führt zu **Veränderungen im Erbgut**, d. h. in den **DNA**-Strängen. Nur ein Teil kann der Körper reparieren.
Rauchen führt zu _ _ E _ _ ! -9 +7 -13 -3 +17	Im Tabak sind viele **krebserregende Stoffe** enthalten. Rauchen gilt als häufige Ursache für Lungenkrebs und andere **Krebserkrankungen**.
Rauchen macht _ _ _ _ _ _ _ _ ! -10 +5 +8 -21 +11 -3 -5 +1	Durch das Rauchen wird auch das **Herz-Kreislaufsystem** stark belastet. Herzinfarkt, Schlaganfall, Bluthochdruck und Arteriosklerose sind mögliche Folgen.
Rauchen nimmt die _ _ _ _ _ _ F _ ! -4 +19 -15 +8 -1 +9 -15 +14	Kohlenmonoxid ist ein gefährliches **Atemgift**, das u. a. bei der Verbrennung von Tabak entsteht. Raucher haben daher eine **verringerte Lungenfunktion**. Dies setzt die körperliche und geistige **Leistungsfähigkeit herab**.
Rauchen macht _ _ _ _ _ _ _ _ ! -11 +4 +3 -1 +5 -15 +9 +6	Rauchen erhöht das Risiko von **Erektionsstörungen**. Rauchende Männer gefährden zudem ihre Fruchtbarkeit, weil durch das Rauchen die Anzahl und die Beweglichkeit der Spermien beeinträchtigt werden.
Rauchen lässt A _ _ aussehen! -19 +11 +8	Rauchen beschleunigt die **Hautalterung** und Faltenbildung.
Rauchen macht H _ _ _ _ _ _ _ _ _ ! -12 -3 +13 +8 -15 +7 -17 +13 -3	Rauchen erhöht das **Herzinfarktrisiko**. Besonders Frauen sind durch die Kombination Rauchen und Pilleneinnahme stärker infarktgefährdet.
Rauchen schädigt das _ _ _ _ _ _ R _ _ _ ! +10 -7 -7 -2 -3 +13 +3 -13 +9 -9	Wenn die **schwangere Mutter** raucht, schadet es dem ungeborenen Kind. Babys von Raucherinnen haben häufig ein **zu niedriges Geburtsgewicht** und **langfristige Gesundheitsschäden**.

A B C D E F G H I J K L M N O P Q R S T U V W X Y Z

Die Zahlen geben an, wie viele Buchstaben du im Alphabet vor- (+) oder zurück- (–) hüpfen musst!

Säugetiere

Die Säugetiere umfassen im Verhältnis zu anderen Tiergruppen nur eine kleine Gruppe der Tiere auf der Welt.
Ihr Bestand macht gerade mal 0,3 % aus.
Kennst du die Gemeinsamkeiten der Tiere dieser Tiergruppe?

Markiere jeweils das richtige Satzende (A oder B). Die Lösungssilben ergeben aneinandergereiht die Lösung für das Bildrätsel.

	A	B
Säugetiere gehören zu den	○ **Wirbeltieren.** Ei	○ **Wirbellosen.** Mei
Bei den meisten Säugetierarten kommen die Jungen	○ **in einem Ei auf die Welt.** se	○ **lebend auf die Welt.** ne
Nach der Geburt werden die Jungen von der Mutter	○ **gesäugt.** Gi	○ **verstoßen.** Be
Säuger atmen durch	○ **Lungen.** raf	○ **Kiemen.** tun
Das Gehirn von Säugetieren ist	○ **sehr klein.** ge	○ **sehr leistungsfähig.** fe
Ihre Körpertemperatur können Säugetiere	○ **regulieren.** mit	○ **nicht beeinflussen.** so
Ein besonderes Säugetier-Merkmal sind die	○ **Haare.** Schluck	○ **Fettspeicher.** Trink
Der Körperbau aller Säugetiere	○ **ist sehr ähnlich.** auf	○ **kann sehr verschieden sein.** ab

Was ist das?

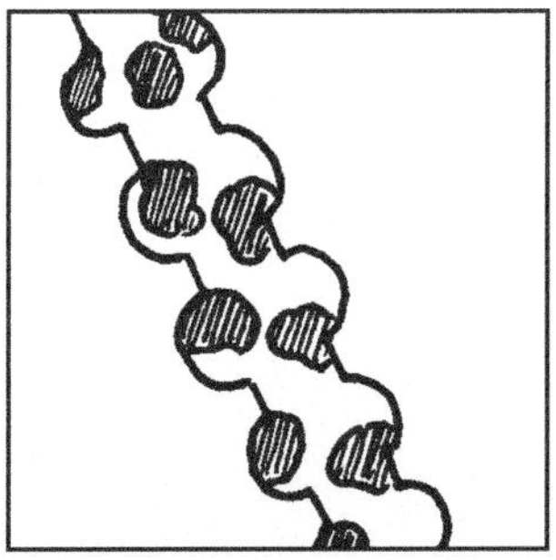

HUNDE

Hast du einen Hund? Oder kennst du irgend einen Hund sehr gut?
Teste hier dein Wissen über die beliebtesten Gefährten des Menschen:

Hunde stammen ab vom ...	○ **Bären** *S*	○ **Wolf** *D*	○ **Löwen** *B*
Junge Hunde heißen ...	○ **Welpen** *E*	○ **Wampen** *C*	○ **Kälber** *A*
Der männliche Hund heißt ...	○ **Ranke** *C*	○ **Raute** *H*	○ **Rüde** *R*
Weil Hunde nicht auf den ganzen Sohlen gehen, werden sie so genannt:	○ **Fersengeher** *K*	○ **Krallen-läufer** *A*	○ **Zehen-gänger** *D*
Hunde lernen sich untereinander besser kennen, indem sie sich ...	○ **anjaulen** *O*	○ **lange anschauen** *E*	○ **be-schnuppern** *A*
Durch Schwanzwedeln drückt ein Hund aus:	○ **Freude** *L*	○ **Angst** *F*	○ **Müdigkeit** *K*
Zähnefletschen und Knurren bedeutet:	○ **Hunger** *S*	○ **Drohen** *M*	○ **Bauchweh** *V*
Eine gefährliche Hundekrankheit, die meist von Füchsen übertragen wird, heißt …	○ **Grippe** *R*	○ **Tollwut** *A*	○ **BSE** *I*
Hunde können nicht schwitzen, wenn ihnen heiß ist. Sie kühlen sich ab durch ...	○ **Hecheln** *T*	○ **Duschen** *G*	○ **Fressen** *E*
Hunde sind ausdauernde Läufer. Bei der Jagd sind sie gute ...	○ **Hetzjäger** *I*	○ **Taucher** *O*	○ **An-schleicher** *H*
Besonders gut ausgebildet beim Hund sind:	○ **Augen und Ohren** *B*	○ **Nase und Ohren** *N*	○ **Augen und Nase** *U*
Der Hund braucht einen festen Platz in seiner Gruppe, bei Wölfen heißt sie:	○ **Verein** *N*	○ **Rudel** *E*	○ **Sippe** *L*
Hunde markieren ihr Revier mit	○ **Pfoten-abdrücken** *D*	○ **Speichel** *N*	○ **Urin** *R*

Wenn du jeweils die richtige Lösung findest und den Lösungsbuchstaben unten einträgst, ergibt sich eine Hunderasse.

Lösung: ___ ___ ___   ___ ___ ___ ___ ___ ___ ___ ___ ___ ___

Welche Hunderassen kennst du noch?

KATZEN

Beachte:
Ä = AE , Ö = OE
Ü = UE , ß = SS

1. Wegen ihrer Jagdweise bezeichnet man Katzen als …
2. Katzen haben ausgezeichnete … Mit deren Hilfe können sie sich auch nachts sehr gut orientieren.
3. alte Rassekatze mit blauen Augen, die wahrscheinlich aus Thailand stammt
4. Drohgebärde der Katze
5. Die Katze geht vorwiegend bei Dämmerung und im Dunkeln auf die Jagd. Sie ist ein …
6. Im Gegensatz zum Hund kann die Katze ihre Krallen …
7. schwarzer Leopard oder Jaguar
8. berühmtes Raubtier der afrikanischen Savanne
9. Die Katze verlässt ungern ihr Revier, sie ist …
10. Unsere Hauskatze stammt von der ägyptischen … ab.
11. Geräusch, das die Katze macht, wenn sie sich wohl fühlt
12. männliche Katze
13. in Asien und Afrika beheimatete Wildkatze, die besonders gut klettern kann
14. sehr beliebte langhaarige Rassekatze
15. Wildkatze, die durch lange Beine, einen kurzen Schwanz und Pinselohren gekennzeichnet ist
16. Katzen sind gern allein, sie sind …
17. größte Katze der Welt mit dunkler Streifung
18. mit bis zu 120 km/h das schnellste Landtier

Das Lösungswort hat mit der Katze gar nichts zu tun; es bezeichnet ein fälschlich für Gold gehaltenes Mineral, das nur glänzt wie Gold ...

Lösung __ __ __ __ __ __ __ __ __ __
1 2 3 4 5 6 7 8 9 10

Das Rind

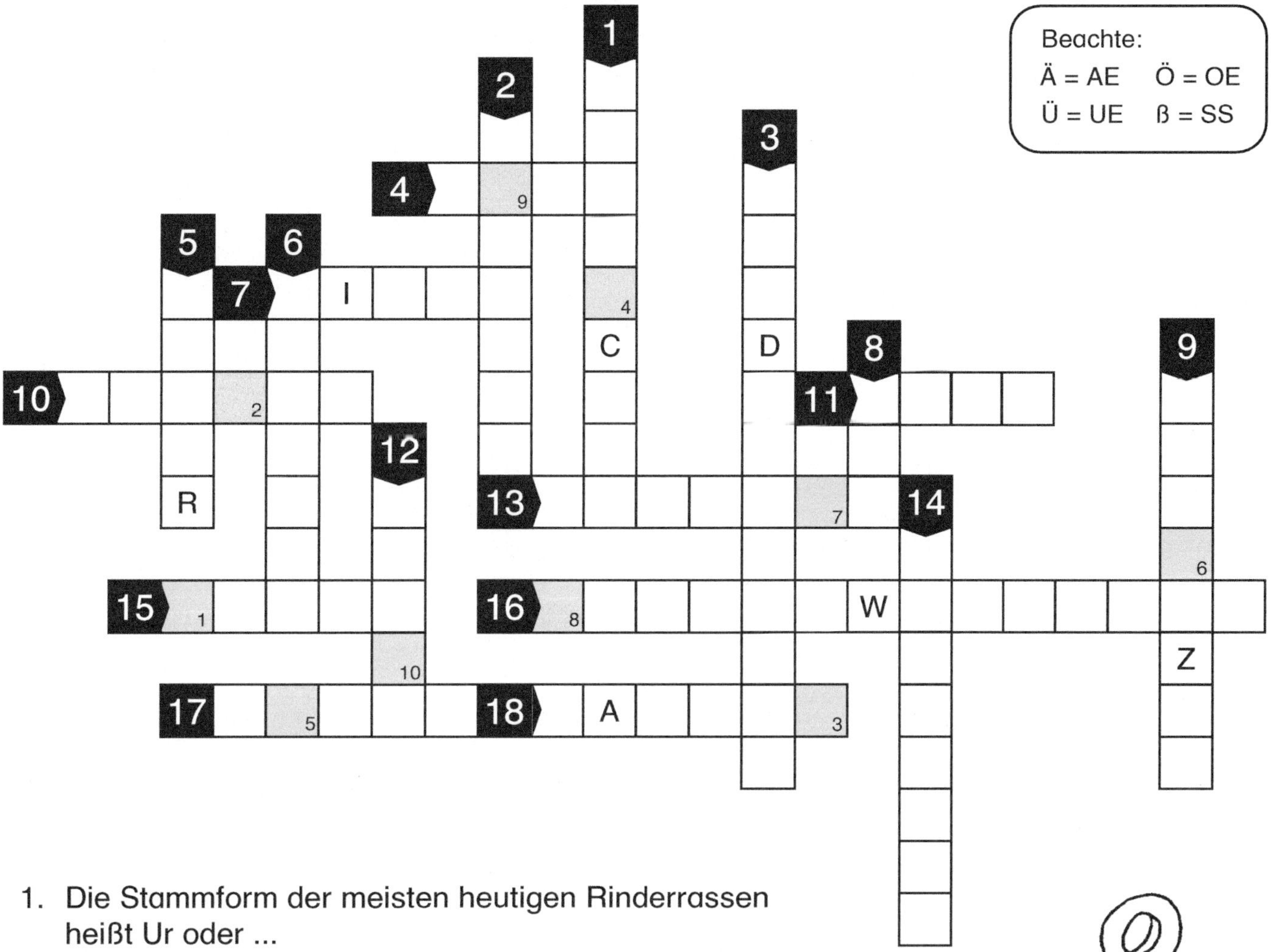

Beachte:
Ä = AE Ö = OE
Ü = UE ß = SS

1. Die Stammform der meisten heutigen Rinderrassen heißt Ur oder ...
2. Der Kot von Rindern kann als ... verwendet werden.
3. Weil Rinder ihre Nahrung zweimal kauen, nennt man sie ...
4. Die von Horn überzogenen Zehen der Rinder heißen ...
5. Die Haut von Rindern kann zu ... verarbeitet werden.
6. Wildrind aus Afrika
7. Wildrind der nordamerikanischen Prärie
8. weibliches Rind
9. Rinder fressen ausschließlich ...
10. In diesem Land gelten Kühe als heilig.
11. junges Rind
12. kastriertes, männliches Rind
13. Wie heißt die Kuh, die der Herde aufgrund der Rangordnung immer vorausgeht?
14. erster Teil des Rindermagens, in dem die Nahrung eingeweicht wird
15. Weibliche Rinder liefern ... Diese wird z. B. zu Butter und Käse verarbeitet.
16. anderer Name für die Rinderkrankheit BSE, die seit 1986 bekannt ist
17. männliches Rind
18. Dort setzt nach dem Wiederkäuen die eigentliche Verdauung ein.

Was kannst du über diese Sagengestalt mit Stierkopf herausfinden?
Tipp: Griechische Mythologie!

Lösung __ __ __ __ __ __ __ __ __ __
1 2 3 4 5 6 7 8 9 10

Hühner-Puzzle

Schneide die Puzzleteile des Huhns genau aus und füge sie so aneinander, dass sinnvolle Sätze entstehen. Schreibe dann die 13 Sätze ab und unterstreiche in jedem Satz das wichtigste Wort.

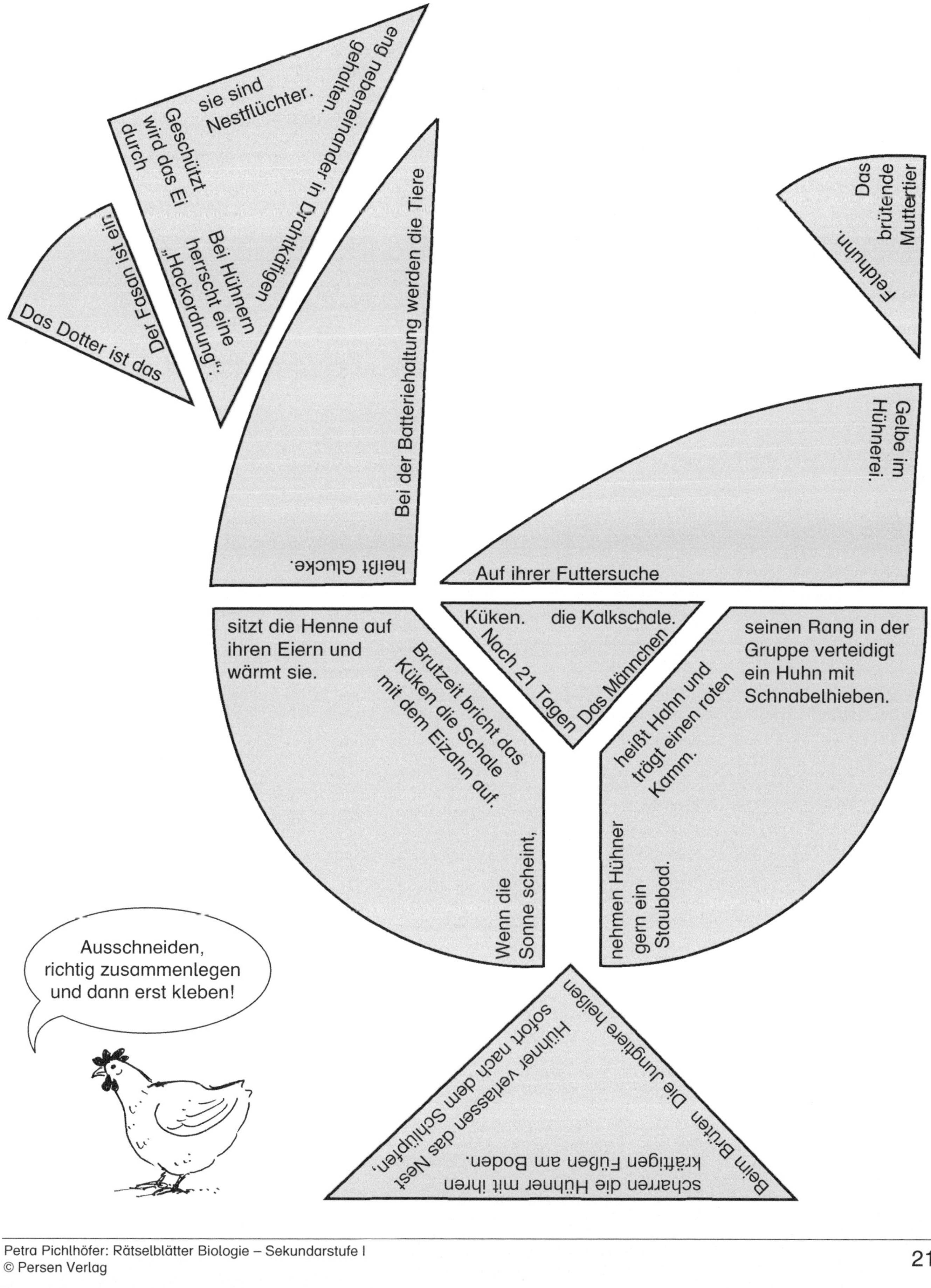

Vögel

Beachte:
ß = SS

B	W	A	C	H	T	E	L	U	F	A	S	A	N	K
L	M	Ö	W	E	K	A	N	I	N	C	H	W	I	O
A	T	U	E	P	A	P	A	G	E	I	E	Z	H	L
U	M	B	U	N	T	S	P	E	C	H	T	G	E	I
M	U	G	L	F	B	U	I	L	N	P	F	A	U	B
E	S	E	E	P	H	P	H	S	D	S	G	D	K	R
I	T	I	L	I	A	E	Z	T	F	I	N	K	R	I
S	R	E	Ö	N	B	L	O	E	N	T	E	K	Ä	S
E	A	R	T	G	I	I	K	R	A	N	I	C	H	C
K	U	C	K	U	C	K	K	O	T	A	U	B	E	H
T	S	D	I	I	H	A	F	K	S	T	A	R	A	W
M	S	V	B	N	T	N	D	A	S	P	D	J	E	A
R	E	I	H	E	R	R	A	M	S	E	L	Ü	M	L
R	O	T	K	E	H	L	C	H	E	N	E	Z	U	B
Y	F	A	L	K	E	P	A	S	T	O	R	C	H	E

In diesem Suchgitter sind 30 Vogelnamen versteckt. Findest du sie alle?

Welche dieser Vögel hast du schon einmal gesehen?
Welche leben bei uns, welche in anderen Teilen der Erde?
Können alle Vögel fliegen?

Fische

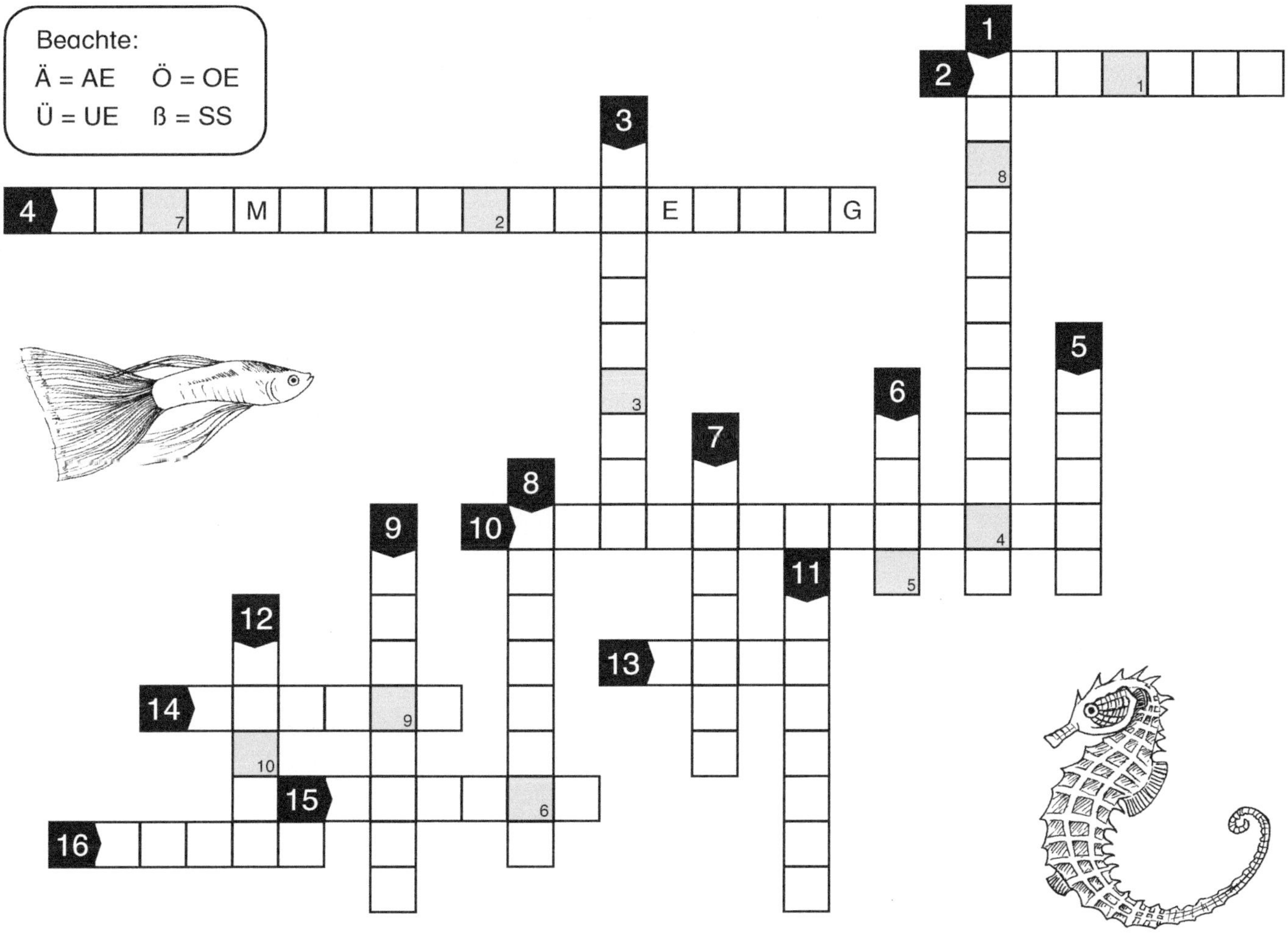

1. Womit steuern Fische die Schwimmtiefe?
2. So nennt man eine Formation, bei der viele Fische nebeneinander in dieselbe Richtung schwimmen.
3. hübscher orangefarbener Zierfisch, häufig in Park- und Gartenteichen
4. Fische haben einen Körperbau, der sie besonders gut durch das Wasser gleiten lässt: Er ist …
5. Fischfanggerät
6. großer heimischer Süßwasserfisch mit 2 langen und 2 kurzen Bartfäden
7. beliebter, häufig in Öl eingelegter Fisch
8. Die meisten Fische haben …, die wie Dachziegeln ihre Oberfläche bedecken.
9. Hierin werden Fische als Haustiere gehalten.
10. hinterste Flosse, die bei den meisten Fischen für den Antrieb verantwortlich ist
11. dünne, verknöcherte Teile des Skeletts von Knochenfischen
12. Fischeier nennt man auch …
13. Nur wenige Fische kommen lebend zur Welt. Die meisten legen …
14. Wie heißt der größte bekannte lebende Fisch? (Er wird bis zu ca. 13 m lang!)
15. Atemorgan der meisten Fische
16. schneller heimischer Raubfisch und wertvoller Speisefisch

Die Buchstaben in den grauen Feldern ergeben das Lösungswort:

__ __ __ __ __ __ __   __ __ __
1 2 3 4 5 6 7   8 9 10

Was kannst du über dieses Tier herausfinden?

Salz- oder Süßwasserfisch?

Trage die unten stehenden Fische in das Gitter ein.
Die grau hinterlegten Buchstaben ergeben ein leckeres Lösungswort:

__ __ __ __ __ __ __ __ __ __ __ __ __ __
1 2 3 4 5 6 7 8 9 10 11 12 13 14

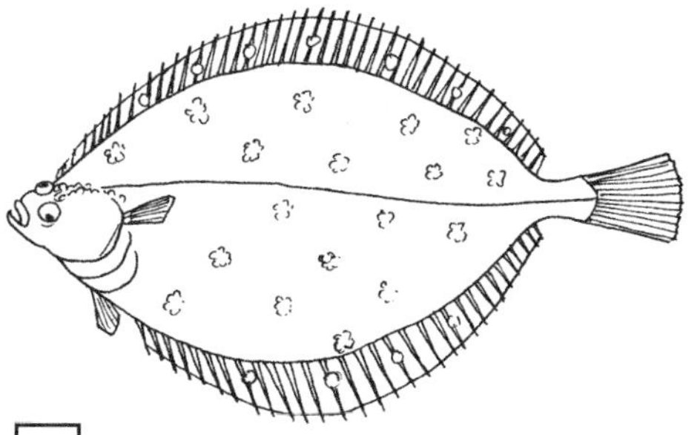

Beachte:
Ä = AE Ö = OE
Ü = UE ß = SS

Süßwasserfische:

Forelle, Karpfen, Flussaal, Barbe, Zander, Buntbarsch, Wels, Hecht, Schleie

Salzwasserfische:

Sardine, Makrele, Walhai,Tunfisch, Hering, Kabeljau, Rotbarsch, Seepferdchen, Blauhai, Schwertfisch, Scholle, Seezunge, Barrakuda

Fische, die im Süßwasser oder Salzwasser zu Hause sind:

Lachs, Stör, Rochen

Welche dieser Fische kennst du? Welche hast du schon einmal gegessen?

Lurche

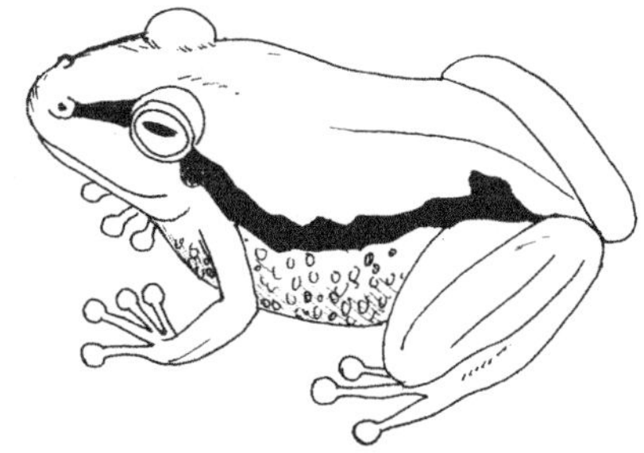

Beachte:
Ä = AE Ö = OE
Ü = UE ß = SS

1. So heißen die vom Weibchen abgelegten Eier.
2. Lurch aus heimischen Wäldern, der auffällig schwarz und gelb gemustert ist
3. Wie heißen die Froschlarven?
4. Schöner grüner Frosch, der für sein kräftiges, kurzes Quaken und geschicktes Klettern bekannt ist
5. Fachwort für die Umwandlung von der Froschlarve zum Frosch
6. Lurche
7. besondere Form der Atmung über die Körperoberfläche
8. Im Winter verfällt der Frosch am Boden des Teichs in eine …
9. ein Schwanzlurch
10. Wodurch sind Frösche oft ihrer Umgebung angepasst und für den Feind nicht so leicht sichtbar?
11. Frösche können schnell austrocknen und bevorzugen daher … Lebensräume.
12. Das rechts abgebildete Schild warnt vor …

LÖSUNG: __ __ __ __ __ __ __ __ __ __
1 2 3 4 5 6 7 8 9 10

Schau im Wörterbuch nach, was der Begriff bedeutet!

Schnecken

Sicherlich hast du schon einmal eine Schnecke beim Kriechen beobachtet. Du kennst auch die Redensart „langsam wie eine Schnecke“. Wusstest du aber auch, dass die Kriechsohle der Schnecke so widerstandsfähig ist, dass das Tier sogar unbeschadet über aufgestellte

_ _ _ _ _ _ _ _ _ _ _ _ _ kriechen kann?

Kreuze im Toto jeweils das richtige Feld an. Du erhältst das Lösungswort, indem du die Lösungsbuchstaben (links unten im Kästchen) aneinanderreihst.

Schnecken sind	○ **Weichtiere.** *R*	○ **Insekten.** *T*	○ **Amphibien.** *M*
Tagsüber findest du sie meistens	○ **auf sonnigen Steinböden.** *I*	○ **an feuchten, dunklen Orten.** *A*	○ **in Ameisenhaufen.** *E*
In heißen Sommern	○ **halten sie einen Trockenschlaf.** *S*	○ **legen sie das Haus ab.** *L*	○ **halten sie sich in Pfützen auf.** *I*
Im Winter	○ **halten sie Winterstarre.** *I*	○ **schützt sie eine Fettschicht vor Kälte.** *B*	○ **fühlen sie sich am wohlsten.** *O*
In der Regel fressen sie	○ **alles.** *W*	○ **Pflanzenteile.** *E*	○ **Erde.** *P*
Weinbergschnecken vermehren sich, indem	○ **sie fertig entwickelte Schnecken gebären.** *G*	○ **sich ihr Körper in zwei Teile teilt.** *L*	○ **sie Eier legen.** *R*
Auf den Fühlern der Schnecke befinden sich	○ **Ohren.** *B*	○ **Augen.** *K*	○ **Atmungsorgane.** *A*
Wenn sich eine Nacktschnecke bedroht fühlt,	○ **beißt sie.** *V*	○ **verspritzt sie ein giftiges Sekret.** *N*	○ **rollt sie sich zusammen.** *L*
Der klebrige Schleim der Schnecke	○ **schreckt Feinde ab.** *G*	○ **hilft bei der Fortbewegung.** *I*	○ **ist eine Art Schweiß.** *F*
Der untere Teil der Schnecke heißt	○ **Fuß.** *N*	○ **Gleitschuh.** *T*	○ **Schlatzbauch.** *S*
Eine bei uns häufige rote Nacktschneckenart heißt	○ **Spanische Wegschnecke.** *G*	○ **Karibische Gehäuseschnecke.** *B*	○ **Afrikanische Zimtschnecke.** *D*
Das Schneckenhaus einer Gehäuseschnecke besteht aus	○ **Kalk.** *E*	○ **Hornhaut.** *I*	○ **Knorpel.** *A*
Als Schnecke bezeichnet man auch beim Menschen	○ **die Pupille im Auge.** *T*	○ **ein Teil im Ohr.** *N*	○ **eine Nasenwindung.** *M*

Insekten

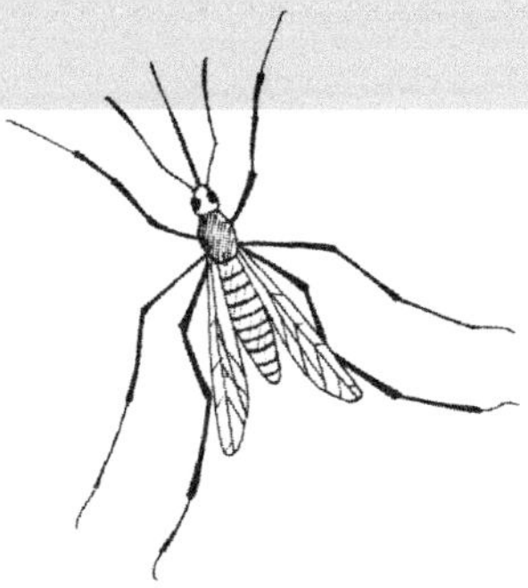

Insekten sind weltweit mit weit über 1 Million bekannter Arten die artenreichste Tiergruppe überhaupt. Nach verschiedenen Schätzungen liegt die tatsächliche Zahl aber bei einem Vielfachen davon: Vor allem in den tropischen Regenwäldern vermutet man noch eine Fülle von Arten, die noch niemand je zu Gesicht bekommen hat …

Im Suchgitter sind 26 Insektennamen versteckt.
Kannst du sie alle finden?

Beachte:
ß = SS

S	C	H	N	A	K	E	F	L	I	E	G	E	B	W	Q	E
I	W	E	S	P	E	K	G	R	I	L	L	E	O	N	S	Ö
L	G	O	T	T	E	S	A	N	B	E	T	E	R	I	N	J
B	P	B	S	T	E	C	H	M	Ü	C	K	E	K	S	E	L
E	L	H	E	H	G	H	E	U	S	C	H	R	E	C	K	E
R	I	U	E	I	A	M	E	I	S	E	V	L	N	H	B	W
F	B	M	A	R	I	E	N	K	Ä	F	E	R	K	A	W	C
I	E	M	C	S	B	T	B	R	E	M	S	E	Ä	B	A	H
S	L	E	U	C	H	T	K	Ä	F	E	R	C	F	E	N	K
C	L	L	B	H	J	E	M	A	I	K	Ä	F	E	R	Z	R
H	E	F	I	K	V	R	I	O	H	R	W	U	R	M	E	M
C	A	L	E	Ä	B	L	A	T	T	L	A	U	S	A	L	I
H	D	O	N	F	M	I	S	T	K	Ä	F	E	R	C	Z	E
E	P	H	E	E	J	N	F	L	Ö	E	G	E	T	K	K	U
N	Z	Q	W	R	L	G	R	A	S	H	Ü	P	F	E	R	L
N	M	A	F	K	J	P	M	M	O	R	I	L	V	S	T	A

Alle gefunden???

Erstaunliches aus dem Tierreich

Manche Säugetiere haben beeindruckende Fähigkeiten. In der Tierwelt gibt es schnelle Läufer, Langschläfer, Riesen und Winzlinge, und außergewöhnliche Rekordhalter.

Finde heraus, welche Tiere hier gemeint sind.

Beachte: Ä = AE

G _ _ _ _ _
→ → → → →
-2 +11 -15 +17 -14

Dieses Tier ist der **schnellste Läufer.** Er bringt es auf 110 km/h, braucht allerdings danach unbedingt eine Pause.

_ _ _ _ _
→ → → → →
+7 +4 -14 +11 -11

Er ist ein absoluter **Langschläfer,** verdöst bis zu 22 Stunden pro Tag…

_ _ E _ _ _ _ _
→ → → → → → →
+4 +7 -7 +1 -5 +13 +6

Dieses afrikanische Tier hat **Riesenohren.** Seine Ohrmuschel kann 1–2 m lang werden.

_ _ _ N _ _ _ _ _
→ → → → → → → →
-9 -10 +4 +9 -7 +14 -3 +3

Dieses Tier schafft erstaunlich **große Sprünge** von um die 10 m!

_ _ _ _ _ _ A _
→ → → → → → →
-19 +10 -11 +20 +2 -22 +11

Mit bis zu 180 t ist dieses Tier der **größte lebende Säuger.**

_ _ _ _ _ _ U _ _ _ _ _ _
→ → → → → → → → → → → →
+1 +2 +4 -16 +5 +13 -2 -4 -12 +5 +11 -14

Das **längste Fell** hat er. In Grönland schützt ihn das 60–90 cm lange Haarkleid vor Kälte.

_ _ _ _ _ _ _ _ _ _ _ _ _
→ → → → → → → → → → → → →
+14 -16 +5 +6 -13 +1 +3 +7 +8 -11 -4 +13

Ein wirklich außergewöhnliches Säugetier: Es lebt in Australien, das Weibchen kann **Eier legen** (!) und das Männchen hat einen **giftigen Dorn** an den Hinterfüßen.

A B C D E F G H I J K L M N O P Q R S T U V W X Y Z

Die Pfeile geben an, wie viele Buchstaben im Alphabet du vorwärts (+) oder rückwärts (-) hüpfen musst!

Gemeinsam sind wir stark!

Manche Tiere sind Einzelgänger, andere leben paarweise oder finden sich nur zur Paarungszeit zusammen. Es gibt aber auch viele Tiere, die sich zu Gruppen zusammenschließen.

Entschlüssle die Geheimschrift!

Tipp: Senkrechte Striche sind Vokale, Querstriche sind die darauf folgenden Konsonanten, also zum Beispiel:

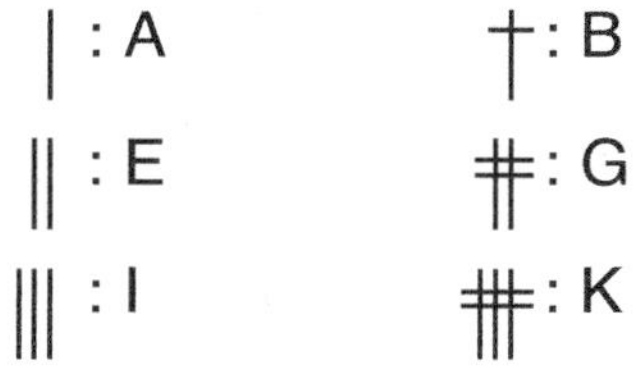

	_ _ _ _ _	Das Wort stammt aus der Jägersprache und bezeichnet einen kleinen Zusammenschluss von bestimmten Säugetieren (zum Beispiel Elche, Hirsche oder Seehunde).
	_ _ _ _ _	So nennt man einen größeren Zusammenschluss von bestimmten Säugetieren. Manchmal bilden auch verschiedene Tierarten gemeinsam eine solche Gruppe, wie z. B. Zebras, Gnus und Strauße in Afrika.
	_ _ _ _ _ _ _	Es ist die Bezeichnung für einen Zusammenschluss sehr vieler schwimmender oder fliegender Tiere (Fische, Vögel oder Insekten), die sich in der Regel gemeinsam und koordiniert bewegen.
	_ _ _ _ _ _	Dieser Begriff hat nichts mit einer Lehranstalt zu tun: So werden die Gruppen genannt, in denen Delfine und Wale zusammenleben.
	_ _ _ _ _	Dieser Begriff kommt aus der Jägersprache und wird beispielsweise für Wildschweinverbände benutzt.
	_ _ _ _ _	Man kennt diesen Begriff auch aus der Politik. In der Biologie wird eine Gemeinschaft von Tieren so genannt, in der es eine Arbeitsteilung gibt (z. B. bei Bienen oder Ameisen).
	_ _ _ _ _ _ _	So nennt man verschiedenartige Tiergemeinschaften: so z. B. die großen Gruppen gemeinsam brütender Pinguine, aber auch Murmeltiergruppen oder Korallenstöcke.

Säugetiere im Wald

Beachte:
Ä = AE Ö = OE
Ü = UE ß = SS

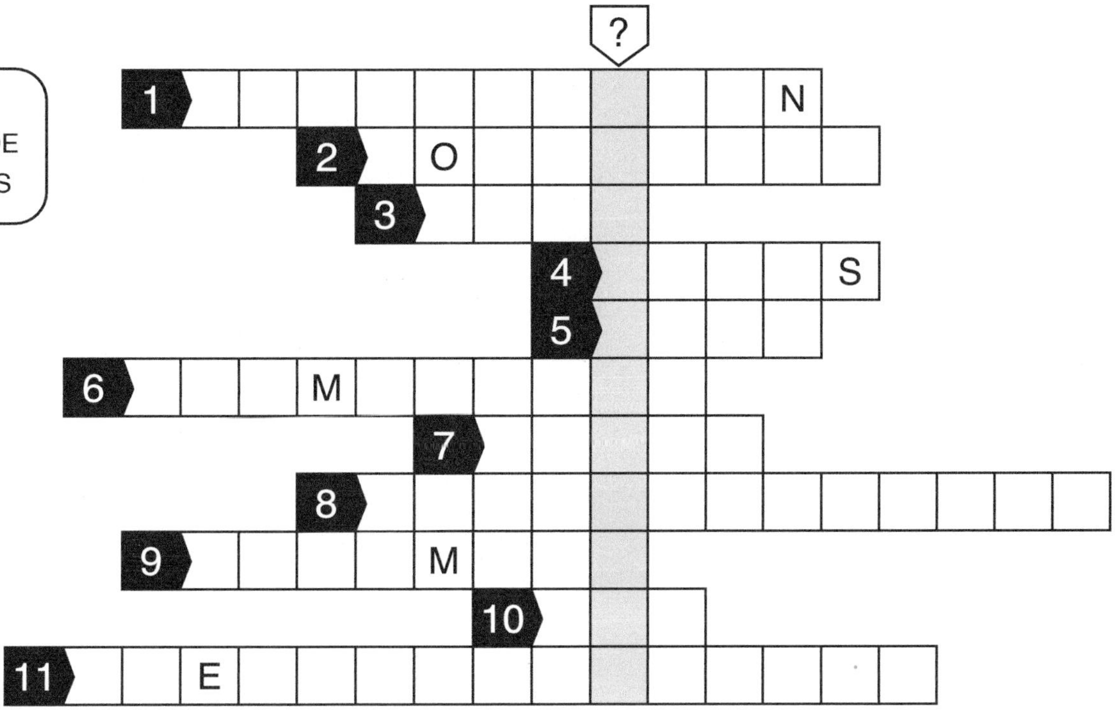

1. Dieser Allesfresser liebt schlammige Stellen zum Suhlen. Das Weibchen heißt Bache, das Männchen Keiler und die Jungen werden Frischlinge genannt.
2. Dieses Tier wird auch „König des Waldes“ genannt. Es hat ein prächtiges Geweih, das jährlich abgeworfen wird.
3. Bei Gefahr rollt er sich zusammen, weshalb er oft von Autos überfahren wird.
4. Er gehört zur Familie der Marder und ist leicht erkennbar an seinen Streifen an Kopf und Schulter.
5. Er war einst ein weit verbreiteter Jäger in Europa, wurde aber vom Menschen fast ausgerottet.
6. Er ist ein guter Kletterer und sein Fell ist braun bis rotbraun gefärbt.
7. Er lebt in unterirdischen Bauten. In vielen Gebieten wurde auch er fast ausgerottet, weil er die Tollwut übertragen kann.
8. Dieses Tier kann gut klettern und springen, wobei sein buschiger Schwanz als Steuer dient. Es frisst gern Früchte, Samen und Nüsse.
9. Dieses kleine Tier ist tag- und nachtaktiv und frisst Insekten, Würmer, Spinnen und Schnecken.
10. Es ist in der Dämmerung auf Wiesen zu beobachten und hat immer einen Spiegel dabei!
11. Dieser Nager ist ein nachtaktives Tier. Er hält sieben Monate Winterschlaf.

Dieses Verkehrszeichen sieht man oft an Straßen, die durch einen Wald führen. Sie warnen den Autofahrer vor Tieren, die vor allem in der Dämmerung über die Straße laufen können.
Wie heißt das Verkehrszeichen?

ACHTUNG _ _ _ _ _ _ _ _ _ _ _ _ _ _ _ _ !

Im Wald – auf den zweiten Blick

Finde im Rätselgitter 24 Begriffe:
Es ist alles Mögliche versteckt, was man bei einem Waldspaziergang entdecken kann – wenn man mal ein bißchen genauer hinsieht …

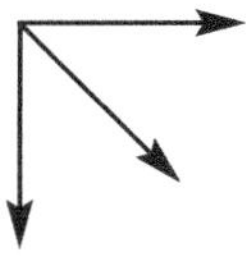

W	L	A	U	B	T	X	X	M	O	O	S	S	D	T
E	G	R	A	S	D	F	A	R	N	V	Y	C	X	L
B	L	I	N	D	S	C	H	L	E	I	C	H	E	A
E	T	G	U	S	E	N	F	U	R	S	S	L	I	R
R	O	F	H	V	C	A	A	L	S	S	H	A	S	V
K	T	P	I	L	Z	H	M	S	E	I	W	N	P	E
N	H	M	I	L	B	E	N	E	S	C	O	G	I	Z
E	O	H	R	W	U	R	M	E	I	E	H	E	N	E
C	L	K	A	E	F	E	R	E	C	S	L	T	N	C
H	Z	W	A	N	Z	E	A	N	R	K	E	M	E	K
T	N	S	T	E	I	N	B	E	L	D	E	Y	X	E
B	R	E	G	E	N	W	U	R	M	S	E	C	U	X
T	A	U	S	E	N	D	F	U	E	S	S	E	R	P

Beachte:
Ä = AE
Ö = OE
Ü = UE
ß = SS

Weißt du, welche Tiere die Trittspuren hinterlassen haben, die du hier sehen kannst?

links: ____________________ rechts: ____________________

Tropischer Regenwald

Kreuze bei diesem Rätsel 1, 2, oder X an.

	1	2	X
Im tropischen Regenwald **regnet** es …	**so gut wie nie.** Ⓦ	**beinahe jeden Tag.** Ⓡ	**nur im Sommer.** Ⓢ
Die **Temperatur** liegt ca. zwischen …	**0° und 18°C.** Ⓐ	**24° und 27°C.** Ⓘ	**30° und 40°C.** Ⓒ
Tropische Regenwälder gibt es …	**in Äquatornähe.** Ⓔ	**nur auf der Südhalbkugel.** Ⓗ	**nur auf Inseln.** Ⓡ
Die **Vernichtung** der Regenwälder …	**gefährdet das Klima der Erde.** Ⓢ	**ist notwendig.** Ⓘ	**spielt für Europa keine Rolle.** Ⓐ
Im **Unterholz** des Regenwaldes wachsen …	**Kakteen.** Ⓛ	**saftige Weintrauben.** Ⓝ	**Lianen.** Ⓔ
Die **Stämme** der Bäume im Regenwald sind …	**hoch und gerade.** Ⓝ	**kurz und krumm.** Ⓓ	**kurz und gerade.** Ⓢ
Der bekannteste **Fluss** im größten Regenwald der Erde heißt …	**Amazonas.** Ⓥ	**Nil.** Ⓑ	**Niger.** Ⓚ
Im Regenwald Zentralafrikas leben **kleinwüchsige Menschen,** die …	**Massai.** Ⓛ	**Maori.** Ⓡ	**Pygmäen.** Ⓞ
Die **Bäume** wachsen in tropischen Regenwäldern …	**im Stockwerkbau.** Ⓖ	**in Alleen.** Ⓞ	**in kleinen Gruppen.** Ⓘ
Charakteristische **Pflanzen** des Regenwaldes sind …	**Kamille und Salbei.** Ⓣ	**Orchideen, Farne und Moose.** Ⓔ	**Kakteen und Aloen.** Ⓑ
Kleine **Vögel**, die auch rückwärts fliegen können, heißen …	**Kakadus.** Ⓐ	**Tropengeier.** Ⓣ	**Kolibris.** Ⓛ
Bunte Regenwaldbewohner mit kräftigem Schnabel sind die …	**Papageien.** Ⓢ	**Tigerenten.** Ⓔ	**Tauben.** Ⓡ
Ein träges, langsames Tier, das in südamerikanischen Regenwäldern auf Bäumen hängt, heißt …	**Koala.** Ⓓ	**Siebenschläfer.** Ⓜ	**Faultier.** Ⓟ
In afrikanischen Regenwäldern leben die größten (2,3 m!) **Menschenaffen,** die …	**Gorillas.** Ⓘ	**Schimpansen.** Ⓗ	**Paviane.** Ⓑ
Nutzpflanzen aus den Tropen sind z. B. …	**Apfel und Birne.** Ⓤ	**Banane und Vanille.** Ⓝ	**Reis und Kartoffel.** Ⓐ
Die größte und schwerste (bis zu 150 kg) **Schlange** der Welt ist die …	**Anakonda.** Ⓝ	**Ringelnatter.** Ⓖ	**Python.** Ⓔ
Die **Würgefeige** bildet …	**Luftwurzeln.** Ⓔ	**Bodenblätter.** Ⓓ	**Erdäste.** Ⓡ

Das Lösungswort ist ein Tier mit ca. 30 cm Durchmesser. Mithilfe seiner Beißklauen spritzt es Gift in seine Beute. Durch das Ausschleudern von Brennhaaren kann es sich verteidigen.

LÖSUNG: _ _ _ _ _ _ _ _ _ _ _ _ _ _ _ _ _

DIE TIERWELT AFRIKAS

Trage die Tiernamen in das Bastelgitter ein!

Beachte:
Ä = AE   Ö = OE
Ü = UE   ß = SS

Büffel • Elefant • Flamingo • Flusspferd • Gazelle • Gepard • Giraffe • Gnu • Gorilla • Hyäne • Kamel • Kobra • Krokodil • Leopard • Löwe • Nashorn • Papagei • Pelikan • Pinguin • Schimpanse • Stachelschwein • Storch • Strauß • Termite • Zebra

Lösung: _ _ _ _ _ _ _ _ _
1 2 3 4 5 6 7 8 9

Dieser Nationalpark, in der Sprache der Massai „das endlose Land", erstreckt sich über eine Fläche von etwa 14.000km^2 in Tansania. Der Park ist etwa so groß wie Nordirland. Etwa 3 Millionen große Wildtiere leben hier. Das Gebiet ist ideal, um bei einer Safari Tiere in ihrer natürlichen Umgebung zu beobachten.

Pilze

Pilze wurden früher zu den Pflanzen gezählt. Heute führt man sie als eigene Gruppe. Was weißt du alles über Pilze?

Wenn du das Rätsel richtig löst, steht in jedem grauen Kästchen der gleiche Buchstabe!

1. giftiger Pilz mit weiß getupftem rotem Hut
2. beliebter weißer Speisepilz
3. dünne Blättchen an der Unterseite mancher Pilzhüte
4. anderes Wort für Schmarotzer
5. sehr beliebter orange-gelber Speisepilz
6. Lebensgemeinschaft von z. B. Baum und Pilz zu beiderseitigem Vorteil
7. Zellfäden des Pilzes
8. beliebter Röhrenpilz mit braunem Hut
9. Der Fruchtkörper vieler Pilze besteht aus Stiel und …
10. der zum Pilzesammeln üblicherweise verwendete Behälter
11. unser gefährlichster Giftpilz
12. Einzellige Pilze, die zur Bierproduktion verwendet werden
13. Sie werden von Pilzen zwecks Vermehrung und Ausbreitung gebildet.
14. Auch in der Marmelade können Pilze wachsen, nämlich als …
15. sehr teure Pilzart, die von dressierten Hunden oder Schweinen aufgespürt wird

Aufbau der Blütenpflanzen

Beschrifte die Teile der Tulpe. Verwende immer den Anfangsbuchstaben des Symbolbildes unter der Linie. Was bedeutet das Lösungswort?

Beachte:
Ä = AE Ö = OE
Ü = UE ß = SS

Ich locke Insekten mit meiner leuchtenden Farbe an.

__ __ [2] __ __ [8]

In mir liegen die Hauptleitbahnen für Wasser und Nährstoffe.

__ __ __ __ __ __ __ [5]

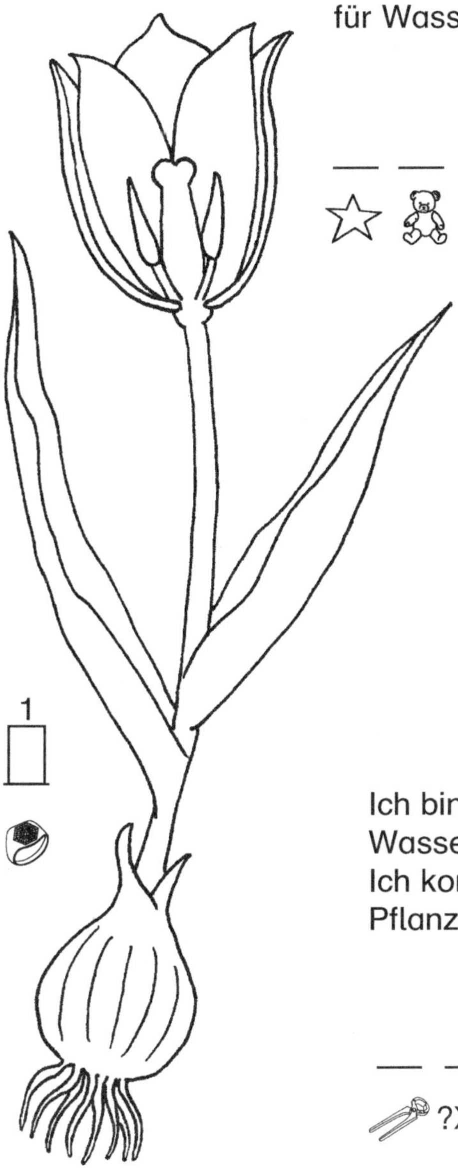

In uns werden die Nährstoffe hergestellt, die die Pflanze zum Wachsen braucht. Dazu wird Licht benötigt. Unser grüner Farbstoff heißt Chlorophyll.

__ __ __ [7] __ __ __ [1]

Ich bin der Vorratsspeicher für Wasser und Nährstoffe.
Ich komme nicht bei allen Pflanzen vor!

__ __ __ __ [4] __ __

Wir verankern die Pflanze fest im Boden und nehmen Wasser und Salze aus dem Boden auf.

__ [6] [9] __ [3] __ __

LÖSUNG: F __ __ __ H __ __ __ __ H __ __
1 2 3 4 5 6 7 8 9

Blütenpflanzen

Beachte:
Ä = AE Ö = OE
Ü = UE ß = SS

1. saftige oder fleischige Frucht, wie z. B. die Heidel…
2. Vorgang, bei dem die Pflanze ihre Nährstoffe selbst aufbaut und Sauerstoff abgibt
3. Er enthält die Samenanlage mit der Eizelle.
4. Übertragung der Pollenkörner einer Blüte auf die Narbe einer anderen Blüte
5. unterirdischer Vorratsspeicher, z. B. bei der Tulpe
6. verholzter Stängel
7. Teil der Blütenpflanze, der unter anderem der Verankerung im Boden dient
8. Blüte, die sowohl weibliche als auch männliche Organe besitzt (z. B. Kirschblüte)
9. Die Blütenbestäubung kann z. B. durch den … erfolgen.
10. weibliches Blütenorgan, das aus Fruchtknoten, Griffel und Narbe besteht
11. Pflanzen, die im Frühjahr als erste blühen
12. Aus dem Boden nimmt die Pflanze … mit darin gelösten Nährsalzen auf.
13. verholzte Blütenpflanze, die kleiner ist als ein Baum
14. Ihn sammeln Bienen in den Blüten und machen daraus Honig.
15. grüner Blattfarbstoff
16. Die Blütenpflanzen bestehen aus den Grundorganen Wurzel, Spross und …
17. Blütenstaub

Als Lösungswort erhältst du den Namen einer Blütenpflanze, die seit dem 16. Jahrhundert bei uns angebaut wird. Sie stammt aus dem subtropischen Amerika und kann eine Höhe von 4 m erreichen. Aus ihren Samen lässt sich wertvolles Speiseöl herstellen.

LÖSUNG: __ __ __ __ __ __ __ __ __ __ __
1 2 3 4 5 6 7 8 9 10 11

Blätter

In den grünen Blättern der Pflanzen findet ein wichtiger Vorgang statt, bei dem mit Hilfe von Sonnenlicht aus Wasser und Kohlendioxid Traubenzucker und Sauerstoff produziert wird. Er heißt

H	Y	P	O	S	T	E	O	N	H	E	T	S

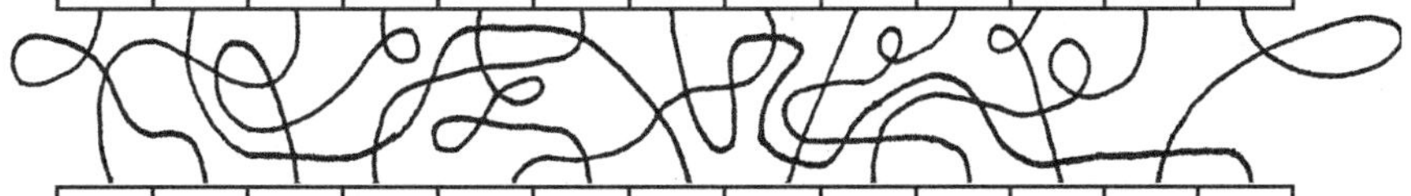

Vorwiegend aus abgestorbenen Blättern und anderen Pflanzenteilen, aber auch aus Tierausscheidungen und Kadavern, entsteht eine Bodenschicht, die wichtige Nährstoffe enthält. Sie heißt

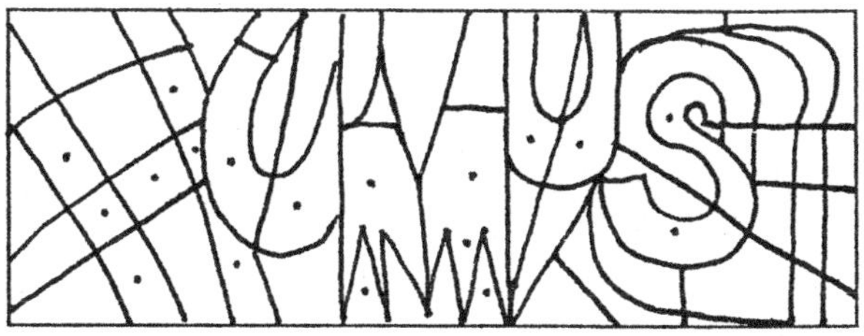

Male alle Felder mit Punkt an!

Blätter können die unterschiedlichsten Formen haben. Um sie genau zu beschreiben, unterscheidet man Blattformen und Blattränder. Im Suchgitter sind 7 Eigenschaftswörter versteckt. Suche sie und ordne sie den entsprechenden Blättern zu.

Blattformen:

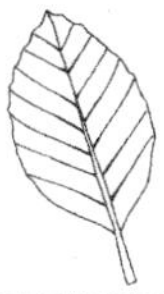

_______________ Rotbuche

_______________ Weide

_______________ Linde

_______________ Rosskastanie

L	F	H	A	A	K	N	B	E	R	T
A	S	D	V	I	Ö	Ä	M	W	J	H
N	E	I	F	Ö	R	M	I	G	U	E
Z	A	Z	H	E	R	G	N	K	D	R
E	Y	G	B	Ä	G	O	I	P	D	Z
T	C	F	A	K	E	I	L	E	E	F
T	H	P	R	L	S	S	V	H	M	Ö
L	O	G	E	Z	Ä	H	N	T	B	R
I	Q	N	U	F	G	L	A	T	T	M
C	S	Ö	T	T	T	R	S	E	Ü	I
H	A	N	D	F	Ö	R	M	I	G	G

Blattränder:

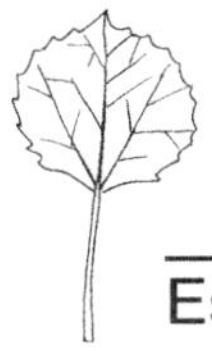

_______________ Espe

_______________ Flieder

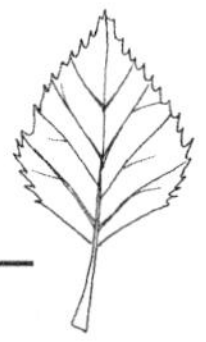

_______________ Birke

Nadelbäume

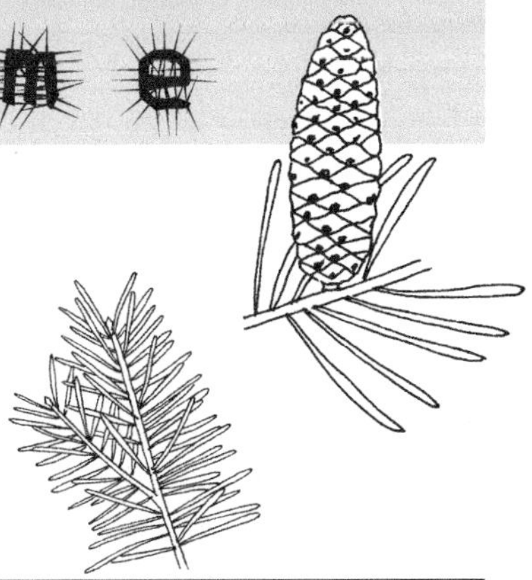

Wie gut kennst du dich mit Nadelbäumen aus?

Verbinde zusammengehörende Satzteile.

Buchstaben, die nicht von einer Verbindungslinie getroffen werden, ergeben das Lösungswort. (Lies von oben nach unten!)

Nadelbäume gehören zur Gruppe der o	K	o meistens nadelförmig, seltener bandförmig.
Die Blätter von Nadelbäumen sind o	L	o das in der Möbelindustrie verwendet wird.
Die meisten Nadelbäume tragen ihre Samen in o	A F	o hängen und fallen als ganze Zapfen ab.
Die Fichte hat ein weiches Holz, o	I	o „Nacktsamer“.
Am Querschnitt des Stammes kann man erkennen, o	F O R	o verholzten Zapfen.
Die Zapfen der Fichte o		o stehen aufrecht und zerfallen am Baum.
Die Zapfen der Tanne o	E M	o sehr empfindlicher Baum.
Die Tanne ist ein gegen Luftverschmutzung o	S	o steht in Europa unter Naturschutz.
Die Lärche ist ein sommergrüner Nadelbaum, ihre Nadeln o	R T	o wie alt der Baum ist. (Jahresringe!)
Die Eibe ist in freier Natur ein sehr seltener Baum und o		o wird auch Legföhre oder Bergkiefer genannt.
Die an trockenen Kalkbergen wachsende Latsche o	O E	o färben sich im Herbst gelb und fallen ab.

Was kannst du über diesen Begriff in deinem Biologiebuch finden?

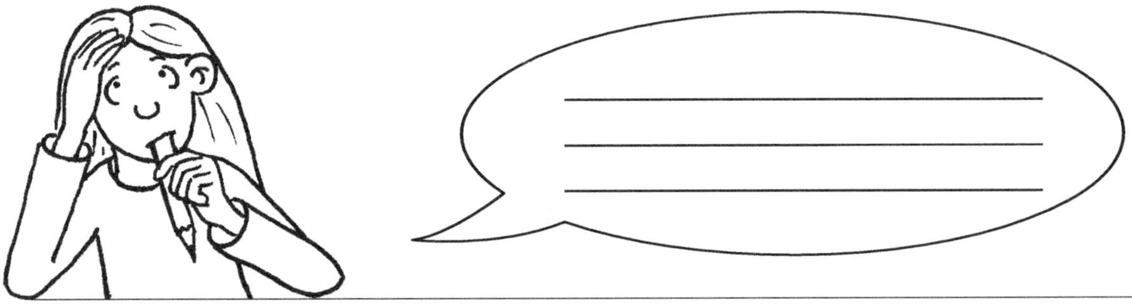

GETREIDE-PUZZLE

Schneide die Puzzleteile unten aus. Auf jedem Bildteil befindet sich die Lösung zu einer Frage im oberen Puzzlegitter. Wenn du die Sätze richtig zusammenfügst und die Puzzleteile entsprechend aufklebst, erhältst du ein Bild, das etwas mit Getreide zu tun hat.

Weißt du, woher der Name kommt?

Unsere Hauptgetreidearten gehören zur Familie der …	Gräser haben nur ein einziges Keimblatt. Man nennt sie …	Die Bestäubung erfolgt beim Getreide durch den …	Ein Getreidefeld besteht aus einer einzigen Pflanzenart, es ist eine …
Beim Mais nennt man den Fruchtstand …	Das Herkunftsland von Mais ist …	Die Gerste hat sehr lange …	Weizen hat meist …
Aus Gerste wird z. B. … hergestellt.	Aus … werden z. B. Teigwaren und Weißbrot hergestellt.	Roggenmehl verwendet man z. B. für …	Der Blütenstand von Roggen, Weizen und Gerste heißt …
Den Blütenstand des Hafers nennt man …	Der … ist ein Getreideschädling und wird mit Insektiziden bekämpft.	… werden bis zu 2 m lang.	Den Großspeicher für Getreide nennt man …

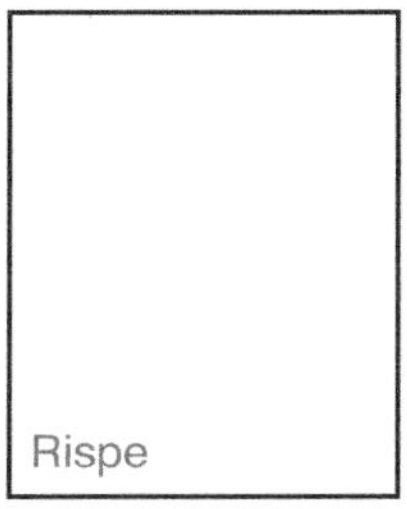

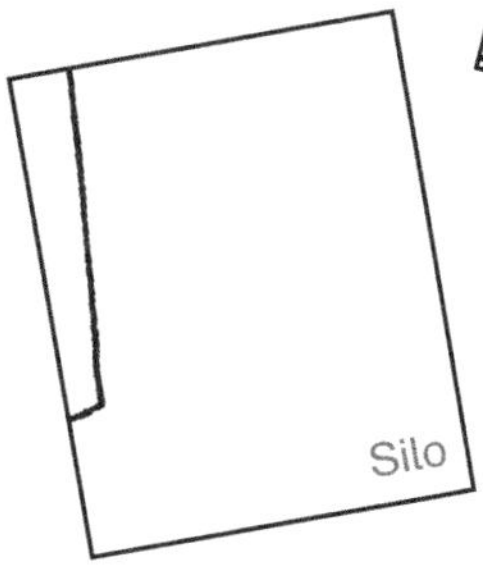

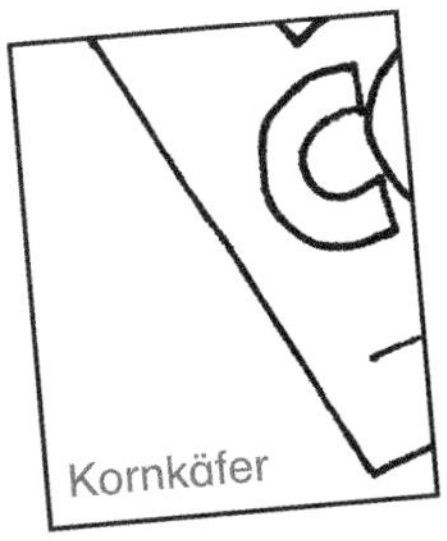

SÜDFRÜCHTE

Viele Obstsorten, die es hier das ganze Jahr über zu kaufen gibt, wachsen gar nicht bei uns. Sie werden in wärmeren Ländern angebaut und zu uns geliefert (importiert).

In dem Suchgitter sind 18 Südfrüchte versteckt.
Suche sie und trage sie in die Tabelle ein.

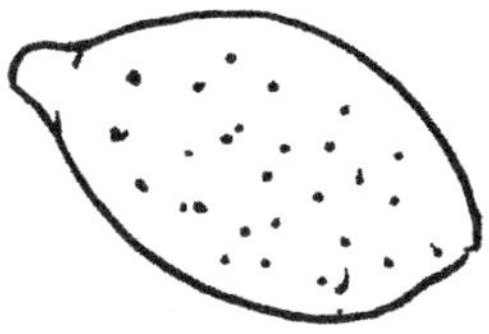

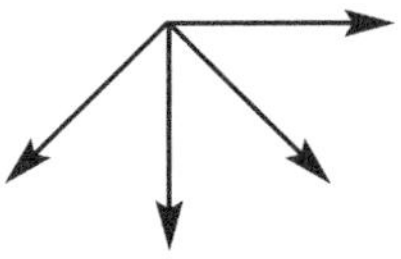

Beachte:
ß = SS

S	G	M	M	Y	K	D	Y	A	O	G	M
T	I	R	T	A	A	I	V	O	R	B	A
E	A	E	A	T	N	O	W	A	A	A	R
R	Q	N	T	N	C	D	P	I	N	N	A
N	D	E	A	A	A	E	A	A	G	A	C
F	L	J	D	N	F	T	F	R	E	N	U
R	V	O	O	R	A	M	A	E	I	E	J
U	V	Y	U	J	L	S	E	P	I	N	A
C	Z	I	T	R	O	N	E	L	F	G	E
H	T	P	A	P	A	Y	A	A	O	E	E
T	K	O	K	O	S	N	U	S	S	N	L
L	I	T	C	H	I	M	A	N	G	O	E

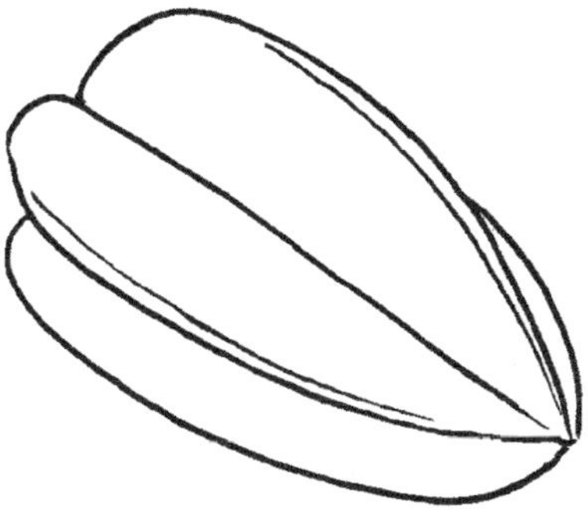

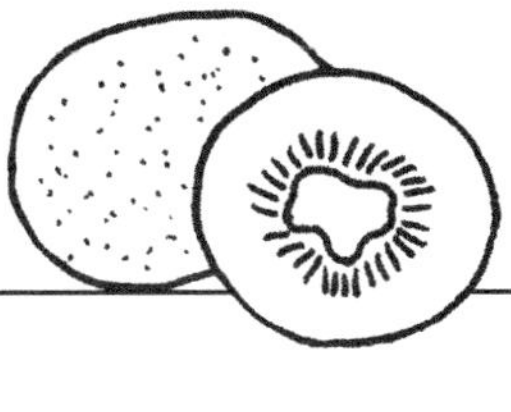

BLATT 1

Geschichte der Biologie

Schneide die Zeitstreifen aus und bringe sie in die richtige Reihenfolge!

Die Lösungsbuchstaben ergeben von oben nach unten gelesen, was „Biologie" bedeutet.

LEHRE VOM LEBEN

L	**Ca. 350 v. Chr. versucht der griechische Philosoph Aristoteles, Tiere in einem System zu ordnen.**
E	Der flämische Arzt Andreas Vesal begründet die Anatomie (Lehre vom Bau der Lebewesen) im Jahr 1543.
H	1665 führt der englische Wissenschaftler Robert Hooke den Begriff „Zelle" ein und arbeitet an der Verbesserung des Mikroskops mit.
R	Die ersten Einzeller werden 1677 mit Hilfe einfacher Mikroskope sichtbar gemacht.
E	1771 experimentiert der Physiker Luigi Galvani mit sezierten Fröschen und entdeckt die Verbindung zwischen Muskelbewegung und elektrischen Impulsen.
V	Die Photosynthese (Vorgang, bei dem grüne Pflanzen Sauerstoff und Zucker produzieren) wird 1779 entdeckt.
O	1856 begründet der französische Chemiker Louis Pasteur die Mikrobiologie. Er entwickelt Impfstoffe und erfindet das Haltbarmachen durch Erhitzen (Pasteurisieren).
M	Der englische Naturforscher Charles Darwin veröffentlicht 1859 interessante Evolutionstheorien.
L	Ca. 1860 legt der österreichische Botaniker Gregor Mendel mit den Vererbungsgesetzen die Grundlagen der Genetik.
E	1953 wird die DNA, Träger der Erbinformationen, entdeckt.
B	„Lucy" heißt das Skelett eines frühen, aufrecht gehenden Menschen, der vor ca. 3,3 Mio. Jahren gelebt hat. Es wird 1974 in Äthiopien gefunden.
E	1984 wird erkannt, dass die DNA jedes Individuum so eindeutig kennzeichnet wie sein Fingerabdruck: Man spricht vom „genetischen Fingerabdruck".
N	1996 gelingt erstmals das Klonen eines Säugetiers. Das erste geklonte Schaf wird unter dem Namen „Dolly" berühmt.

BLATT 2

Unser Herz

Die Buchstaben in den grau unterlegten Feldern ergeben in der richtigen Reihenfolge ein aufregendes Gefühl.

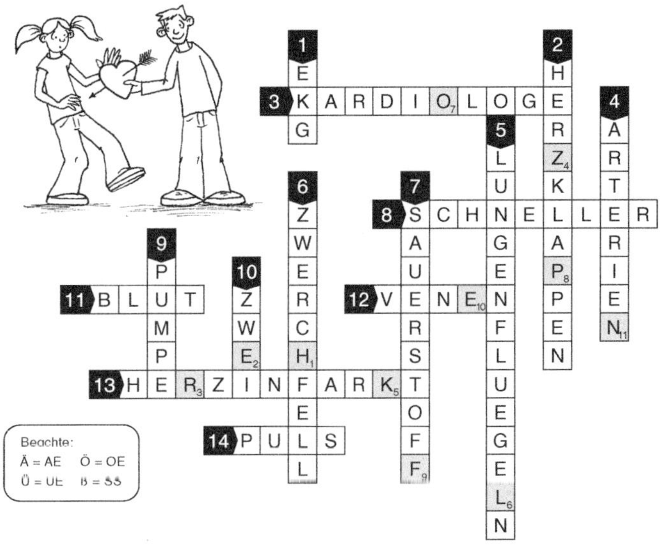

Beachte:
Ä = AE Ö = OE
Ü = UE ß = SS

1. Mit dieser Aufnahme untersucht der Arzt die Arbeit des Herzens (Abkürzung).
2. Das Schließen der … erzeugt die Herztöne.
3. Arzt der Inneren Medizin, der sich mit Erkrankungen des Herzens beschäftigt
4. Blutbahnen, die das Blut vom Herzen wegführen
5. Zwischen welchen Flügeln ist das Herz eingebettet?
6. Was hebt und senkt sich beim Atmen und liegt unterhalb des Herzens?
7. Mit diesem Gas versorgt das Blut die Zellen.
8. Bei Anstrengung schlägt das Herz … .
9. Das Herz ist eine …, die unserem Willen nicht unterworfen ist.
10. In wie viele Teile teilt die Scheidewand das Herz?
11. Das Herz pumpt das … durch den Körper.
12. Blutbahnen, in denen das Blut zum Herzen zurückgeführt wird
13. Erkrankung, bei der Teile des Herzmuskels wegen Sauerstoffmangels absterben
14. Du kannst ihn selbst messen und dabei feststellen, wie schnell dein Herz schlägt.

LÖSUNG: H E R Z K L O P F E N (1 2 3 4 5 6 7 8 9 10 11)

BLATT 3

So funktioniert die Verdauung

Unsere Nahrung legt in unserem Körper einen langen Weg zurück: Vom Mund bis zum After sind es ca. 8 Meter! Die Nährstoffe, die unsere Lebensmittel enthalten, werden in kleinste lösliche Bestandteile zerlegt und vom Körper aufgenommen.

Organ	Aufgabe
Mund	An diesem Übergang von Mund- und Nasenhöhle zu Luft- und Speiseröhre werden Krankheitserreger abgewehrt.
Rachen	In diesem Organ wird mit Magensaft verdaut. Eiweiße werden zerkleinert.
Speiseröhre	Diese Drüse spielt eine große Rolle bei der Verdauung und Verwertung von verdaulichen Stoffen, daneben dient sie als „Entgiftungszentrale".
Magen	Die Nahrung wird hier von den Zähnen zerkleinert und dabei mit Speichel durchmischt.
Dünndarm	Sie produziert Verdauungssaft und Hormone.
Leber	Der Kot wird hier gesammelt und anschließend über den After abgeführt.
Gallenblase	Hier wird Galle zur Fettverdauung gespeichert.
Bauchspeicheldrüse	Dem verdauten Speisebrei wird Wasser entzogen und es wird der Stuhl gebildet.
Dickdarm	Hier erfolgt der ca. 30 cm lange Transport der Nahrung zum Magen.
Enddarm (Mastdarm)	In diesem 4–5 cm langen Organ wird der Nahrungsbrei weiterverdaut und zerkleinerte Nährstoffe in das Blut aufgenommen.

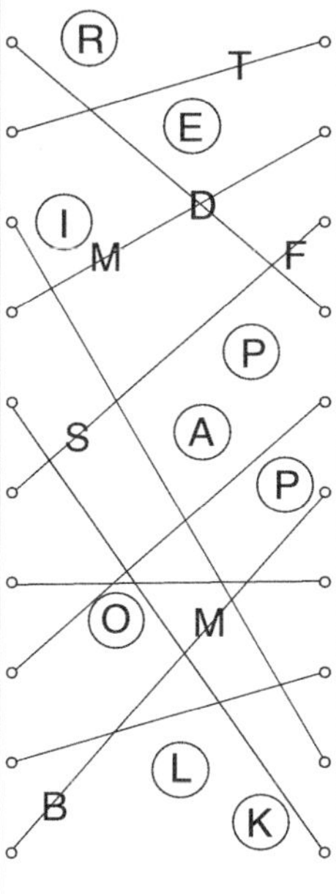

Welches Organ übernimmt bei der Verdauung welche Aufgabe? Verbinde richtig! Kreise alle Buchstaben ein, die nicht von einer Verbindungslinie getroffen werden. Von unten nach oben gelesen, ergeben die Buchstaben etwas, was du nach der Verdauung unbedingt brauchst …

LÖSUNG: *Klopapier*

BLATT 4

Unser Auge

Beschrifte die Abbildung und du erhältst als Lösung die Antwort auf folgende Frage:

WER HAT 21 AUGEN UND KANN DOCH NICHTS SEHEN? W U E R F E L (1 2 3 4 5 6 7)

Der kugelförmige A U G A P F E L (5) des Menschen hat einen Durchmesser von ca. 24 mm. Er liegt geschützt in der knöchernen Augenhöhle. Beschrifte folgende Teile des Auges:

Hier wird die Flüssigkeit gebildet, die das Auge feucht hält.

T R A E N E N D R U E S E (4, 6)

Es schützt ebenfalls das Auge vor Schmutz, aber auch z. B. vor zu grellem Licht.

L I D (7)

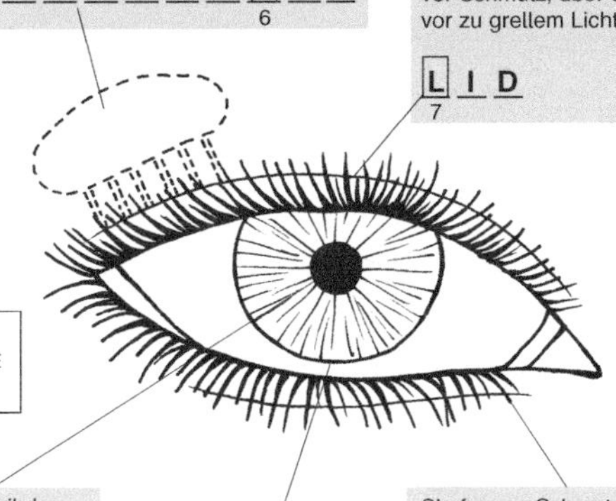

Beachte:
Ä = AE Ö = OE
Ü = UE ß = SS

Durch diesen Teil des Auges fällt das Licht in das Auge ein.

P U P I L L E (2)

Sie fangen Schmutzteilchen aus der Luft ab und schützen das Auge.

W I M P E R N (1)

Diese Blende des Auges reguliert den Lichteinfall. Sie kann unterschiedlich gefärbt sein.

R E G E N B O G E N H A U T (3)

BLATT 5

Unser Ohr

Beachte:
Ä = AE Ö = OE
Ü = UE ß = SS

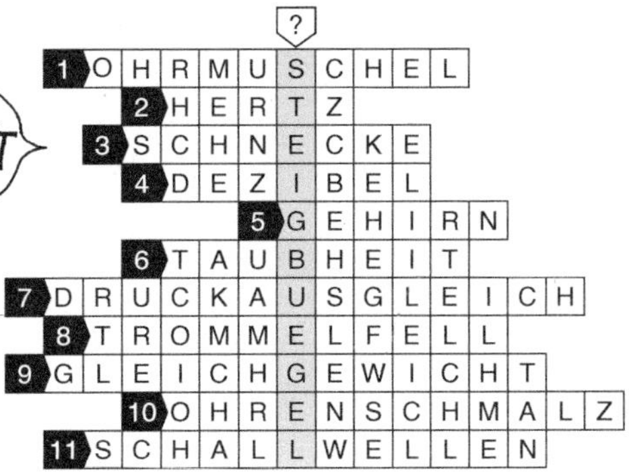

1. Teil des Ohrs, der von außen zu sehen ist
2. Einheit der Frequenz (Anzahl der Schwingungen pro Sekunde) Der Mensch hört im Bereich von 30–18.000 …
3. Bereich im Innenohr, in dem sich die Hörsinneszellen befinden
4. Maßeinheit für Schalldruck (Lautstärke). Ein Gespräch hat eine Lautstärke von ca. 50 …; ein Presslufthammer von ca. 120.
5. Erst hier werden die empfangenen Signale als Töne wahrgenommen.
6. ein anderes Wort für Gehörlosigkeit
7. Das Ohr ist ein sehr empfindliches Organ; beim Tauchen darf man daher den … nicht vergessen!
8. Dieses dünne Häutchen (ca. 55 mm² groß) trennt das Außenohr vom Mittelohr.
9. Das Ohr ist nicht nur für das Hören verantwortlich, sondern auch für das …
10. Die Drüsen im Gehörgang bilden …, welches Schmutzteilchen abfängt und dadurch das Trommelfell schützt.
11. Ein Geräusch wird empfangen, wenn … das Trommelfell in Schwingung versetzen.

Im Ohr befindet sich der mit 3 mm kleinste Knochen in unserem Körper.

Dieser Knochen heißt ***STEIGBUEGEL***

BLATT 6

Unsere Haut

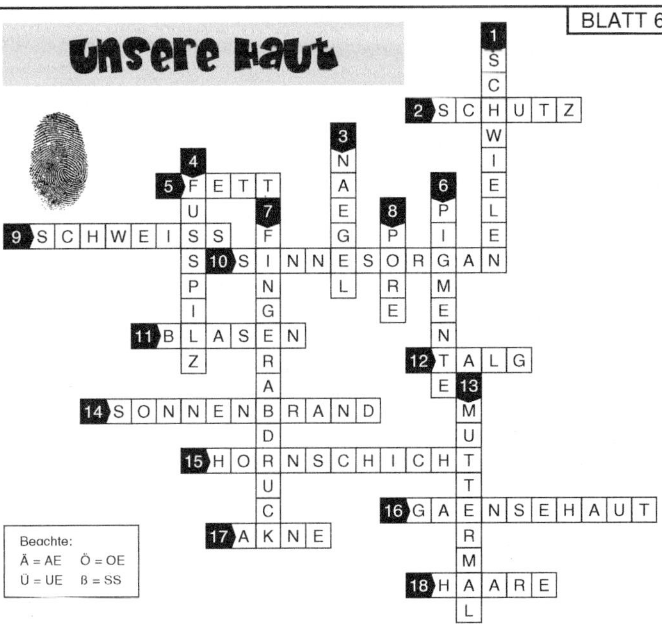

Beachte:
Ä = AE Ö = OE
Ü = UE ß = SS

1. verdickte Hautstellen, die z. B. durch besondere Beanspruchung an den Händen entstehen (durch Druck, Reibung, …)
2. Die Haut grenzt den Körper nach außen hin ab und gibt ihm … vor Umwelteinflüssen.
3. Hornplatten, die die Endglieder der Finger und Zehen schützen
4. häufige Erkrankung der Haut an den Füßen
5. Es wird in der Unterhaut gespeichert und schützt vor Druck und Kälte.
6. Farbstoffe in der Haut, die für die Hautfarbe verantwortlich sind
7. An den Fingerkuppen hat jeder Mensch ein für ihn charakteristisches Muster, mit dem er seinen individuellen … hinterlässt.
8. Öffnung einer Schweißdrüse nach außen
9. kühlende Flüssigkeit, die die Haut ausscheidet
10. Durch die Haut spürt man z. B. Schmerz, Druck und Wärme. Sie ist ein …
11. Bei starker Verbrennung bildet die Haut …
12. Er kommt aus den Poren und hält die Haut geschmeidig.
13. Fleck auf der Haut
14. Hautrötung nach zu langem Sonnenbad
15. oberste Hautschicht
16. Wenn sich – z. B. bei Kälte – die Härchen auf der Haut aufrichten, spricht man von …
17. Hautkrankheit, die besonders Jugendliche in der Pubertät haben
18. Sie haben ihre Wurzeln in der Lederhaut und wachsen nach außen. Auf dem Kopf hast du ca. 120.000 davon.

BLATT 7

Rund um unsere Zähne

Wusstest du, dass die Zahnbürste schon vor 500 Jahren von den Chinesen erfunden wurde? Sie verwendeten damals Schweineborsten zur Reinigung. In Europa gibt es erst seit ca. 200 Jahren Zahnbürsten.

Wann bekommt ein Kleinkind etwa die ersten Zähne?	○ noch vor der Geburt (Du)	⊠ mit ca. 6 Monaten (Lächeln)	○ kurz vor Schuleintritt (Es)
Wie viele Zähne hat das erste Milchgebiss?	○ 4 (wird)	○ 10 (hat)	⊠ 20 (ist)
Im Grundschulalter bildet sich dann das erste Dauergebiss mit ...	⊠ 32 Zähnen (die)	○ 40 Zähnen (der)	○ beliebig vielen Zähnen (das)
Die acht vorderen Zähne, die die Nahrung abschneiden, heißen ...	○ Frontalzähne (ärgste)	⊠ Schneidezähne (schönste)	○ Messerzähne (neue)
Jeder Zahn ist eingebettet in ...	⊠ Zahnfleisch (Art)	○ Hautschuppen (wo)	○ Knorpel (er)
Wie heißt die äußere Schicht des Zahnes, die aus der härtesten menschlichen Substanz besteht?	○ Zahndiamant (niemals)	○ Zahnquarz (dir)	⊠ Zahnschmelz (jemandem)
Welche Krankheit können selten oder schlecht geputzte Zähne bekommen?	○ Kantine (bei den)	⊠ Karies (die)	○ Karambol (dort)
Eine andere Zahnerkrankung, der Zahnfleischschwund, heißt auch ...	⊠ Parodontose (Zähne)	○ Paragleiter (Nerven)	○ Parasit (Augen)
Ein Teil vom Zahn, der auch in der Mathematik gezogen wird, heißt ...	○ Subtrahend (bis)	○ Komma (ein)	⊠ Wurzel (zu)
Wie heißen die Knochen des Gesichtsschädels, die die Zähne tragen?	○ Kiemen (jetzt!)	⊠ Kiefer (zeigen!)	○ Nasenbein (können!)

Wenn du das richtige Feld ankreuzt, erhältst du als Lösung einen klugen Satz:

Lächeln ist die schönste Art, jemandem die Zähne zu zeigen

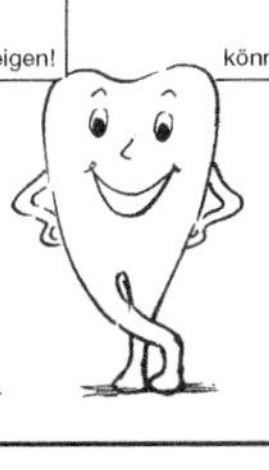

BLATT 8

Unser Skelett

Beschrifte die Knochen des Skeletts. Die Lösungsbuchstaben verraten dir, aus wie vielen Knochen das Skelett eines erwachsenen Menschen ungefähr besteht (die genaue Anzahl kann individuell etwas abweichen).

Beachte:
Ä = AE Ö = OE
Ü = UE ß = SS

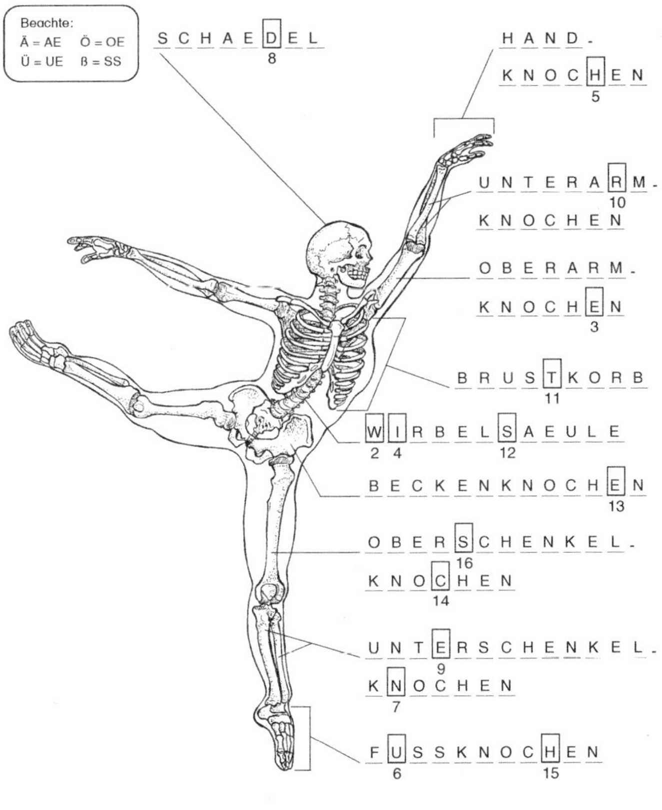

LÖSUNG: **ZWEIHUNDERTSECHS**
1 2 3 4 5 6 7 8 9 10 11 12 13 14 15 16

BLATT 9

Unser Blut

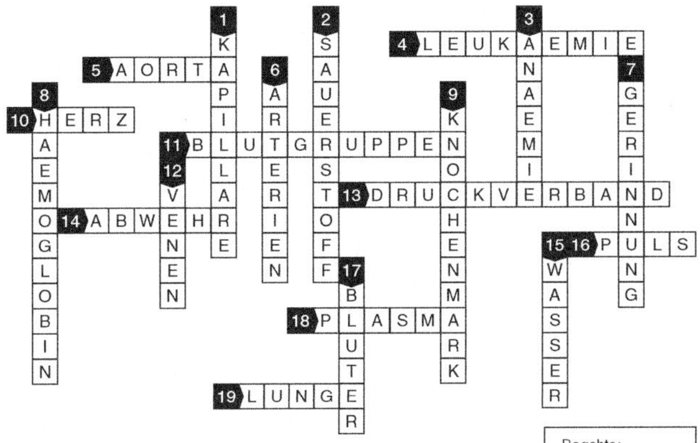

Beachte:
Ä = AE Ö = OE
Ü = UE ß = SS

1. dünnes Haargefäß, das die Organe durchzieht
2. Dieses Gas wird von den roten Blutkörperchen transportiert.
3. Blutarmut
4. lebensbedrohliche Erkrankung, auch „Blutkrebs“ genannt
5. Hauptschlagader
6. Adern, in denen das Blut vom Herzen in den Körper transportiert wird
7. Vorgang, bei dem sich das Blut verfestigt und der den Wundverschluss herbeiführt
8. roter Blutfarbstoff
9. Hier werden die roten Blutkörperchen gebildet.
10. zentrale Pumpe des Blutkreislaufs
11. Karl Landsteiner entdeckte verschiedene ... Sie sind als A, B, AB und 0 bekannt.
12. Adern, in denen das Blut zum Herzen zurückfließt
13. Erste Hilfe bei starker Blutung
14. Aufgabe der weißen Blutkörperchen
15. Zu 90 % besteht die Blutflüssigkeit aus ...
16. Blutwelle, durch den Herzschlag ausgelöst und besonders gut am Handgelenk zu fühlen
17. Mensch, bei dem durch eine Erbkrankheit bedingt die Blutgerinnung gestört ist
18. flüssiger Bestandteil des Blutes
19. Hier nimmt das Blut Sauerstoff auf und gibt Kohlenstoffdioxid ab.

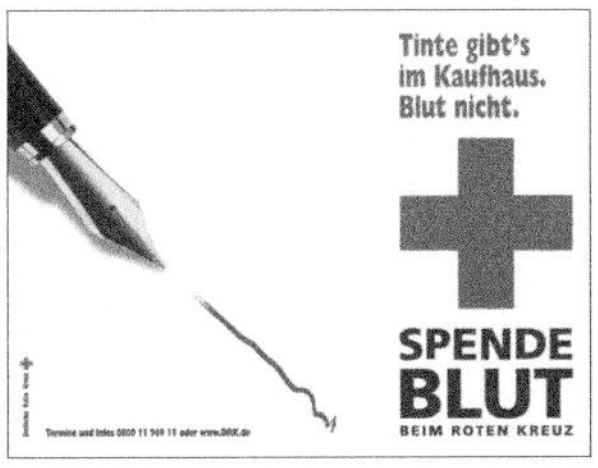

BLATT 10

Richtig verhütet

Es gibt verschiedene Methoden, um Empfängnis zu verhüten. Wichtig ist es, die Vor- und Nachteile der einzelnen Methoden zu kennen, um entscheiden zu können, welche man einsetzen möchte.

Dieses „Gummihäubchen“ wird über den Penis des Mannes gestülpt, damit beim Geschlechtsverkehr kein Sperma in die Scheide der Frau gelangt. Es schützt auch vor sexuell übertragbare Krankheiten.

Gummimembran, die vor dem Geschlechtsverkehr in die Scheide der Frau eingeführt wird und den Muttermund verschließt.

Ein in Kupferdraht gewickeltes Plastik-T, das in die Gebärmutter der Frau eingesetzt wird. Es verhindert die Befruchtung und eine Einnistung des Eis.

Regelmäßig schluckt die Frau in Form von Tabletten Hormone, die das Heranreifen einer Eizelle verhindern.

Vierteljährlich spritzt der Arzt der Frau Hormone, die den natürlichen Hormonzyklus stört. Es reift kein Ei heran und der Eisprung bleibt aus.

Beim Mann oder bei der Frau wird ein operativer Eingriff vorgenommen, der unfruchtbar macht. Er ist in der Regel nicht mehr rückgängig zu machen.

Es wird vor dem Geschlechtsverkehr in die Scheide eingeführt. Dort bildet es einen Schaum, der die Spermien abfängt und abtötet.

Die Frau bekommt am Arm ein Kunststoffstäbchen unter die Haut implantiert, welches über drei Jahre Hormone freisetzt, die eine Schwangerschaft verhindern.

Täglich misst die Frau über einen längeren Zeitraum ihre Körpertemperatur und erstellt eine Temperaturkurve. Bei regelmäßigem Zyklus kann sie an Temperaturschwankungen fruchtbare Tage erkennen und vorhersagen.

Sie wird max. 72 Stunden nach dem ungeschützten Geschlechtsverkehr eingenommen und soll eine Befruchtung verhindern. Sie bedarf ärztlicher Verordnung und ist keine regelmäßige Verhütungsmethode!

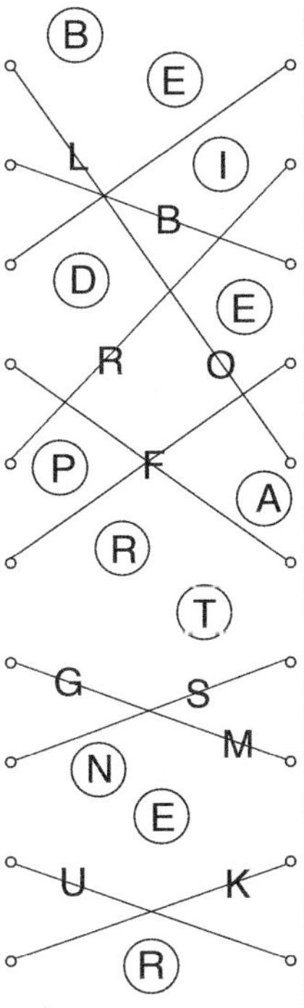

- Spirale
- Dreimonats-spritze
- Diaphragma
- Sterilisation
- Kondom
- Pille
- Implanon (Verhütungsstäbchen)
- Scheiden-zäpfchen
- Pille danach
- Temperatur-methode

Verbinde die Verhütungsmethoden mit den passenden Beschreibungen. Mit den Buchstaben, die nicht von den Linien getroffen werden, kannst du folgenden Satz vervollständigen:

Für richtige Verhütung sind B E I D E P A R T N E R verantwortlich.

BLATT 11

Ein Kind entsteht

Schneide die Streifen aus und bringe sie in die richtige Reihenfolge!

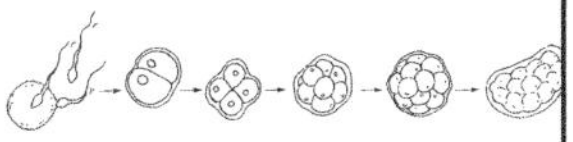

Lösung: **S C H W A N G E R S C H A F T**

S	**Pubertät** ist die Zeit der Geschlechtsreifung. In der Pubertät werden wir fortpflanzungsfähig.
C	Ist die Frau geschlechtsreif, bedeutet es, dass monatlich einmal ein **befruchtungsfähiges Ei** vom **Eierstock** in den **Eileiter** abgegeben wird und in Richtung Gebärmutter wandert.
H	Gelangen männliche **Spermien** in die **Scheide**, schwimmen sie in Richtung Eileiter. Treffen sie hier auf ein befruchtungsfähiges Ei, dringt das schnellste Spermium in das Ei ein.
W	Wird so das Ei befruchtet, nistet es sich in der **Gebärmutter** ein – etwa in der Mitte des **Zyklus**.
A	Das befruchtete Ei beginnt sich zu entwickeln. Die Frau ist **schwanger**.
N	Die **Gebärmutterschleimhaut** wird jetzt nicht mehr abgebaut, sondern verdickt; daher bleibt die Regelblutung aus.
G	Am Ende der 3. Schwangerschaftswoche fängt schon das **Herz** des **Embryos** zu schlagen an.
E	Ab der 4. Schwangerschaftswoche schwimmt der Embryo im **Fruchtwasser** der **Fruchtblase** und ist dort geschützt gegen Stöße. Über die Nabelschnur wird er versorgt.
R	Am Ende des 2. Monats macht das Kind seine ersten **Bewegungen**, die die Mutter aber noch nicht spüren kann.
S	Im 3. Schwangerschaftsmonat entwickeln sich bereits **Organe** und **Sinne** und nehmen ihre Tätigkeit auf. Jetzt spricht man nicht mehr vom Embryo, sondern vom **Fötus**.
C	Ab dem 5. Monat im Bauch kann die Mutter das **Strampeln** des ungeborenen Kindes spüren.
H	Ab dem 7. Schwangerschaftsmonat sind die Lungen des Fötus funktionsfähig und er hat bei einer **Frühgeburt** gute Überlebenschancen.
A	Auf natürlichem Wege wird das Baby durch die Scheide geboren. Die **Geburt** wird durch **Wehen** eingeleitet.
F	Die Nabelschnur wird abgeschnitten (**Entbindung**) und das Baby atmet zum ersten Mal durch seine Lunge.
T	Die Mutter kann ihr Kind **stillen**. Das Kind hat das Saugen bereits im Mutterleib geübt. Es wird **Säugling** genannt.

BLATT 12

Richtig essen hält fit

Beachte:
Ä = AE
Ö = OE
Ü = UE
ß = SS

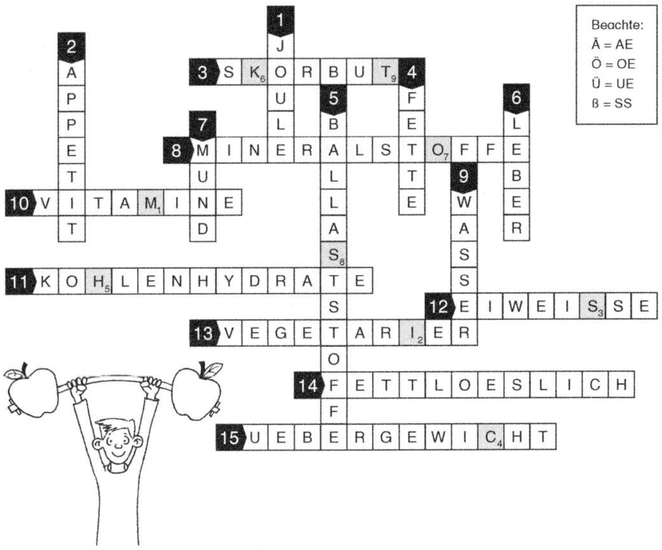

1. Einheit der Energie, die dem Körper mit der Nahrung zugeführt wird
2. Geschmacks-, Farb- und Duftstoffe regen ihn an.
3. Erkrankung durch Vitamin-C-Mangel, die früher häufig bei Seefahrern auftrat
4. Nahrungsbestandteil, v. a. in Produkten wie Butter, Öl, Margarine oder Speck enthalten
5. Sie können im Darm nicht zerlegt werden, regen aber die Verdauung an.
6. Sie ist die Entgiftungszentrale des Körpers.
7. Hier beginnt die Verdauung.
8. Eisen, Calcium und Magnesium sind wichtige ..., die der Körper braucht.
9. Dein Körper besteht zu etwa 2/3 daraus!
10. vom Körper nicht als Energielieferant, sondern für andere lebenswichtige Aufgaben benötigte Substanzen
11. Nahrungsbestandteil, v. a. in Produkten wie Brot, Teigwaren und Kartoffeln enthalten
12. Nahrungsbestandteil, v. a. in Produkten wie Fisch, Eiern, Fleisch oder Milch enthalten
13. Mensch, der bei seiner Ernährung auf Fleisch verzichtet
14. Die Vitamine A, D, E und K sind ..., daher ist eine fettfreie Ernährung ungesund.
15. kann als Folge von übermäßiger oder unausgewogener Ernährung auftreten

Die richtige Ernährung ist eine ausgewogene M I S C H K O S T .
1 2 3 4 5 6 7 8 9

Erste Hilfe ✚ bei kleineren Verletzungen

Kleine Verletzungen passieren schnell! Daher ist es wichtig zu wissen, wie man Erste Hilfe leistet, um seine Mitmenschen richtig zu versorgen, bis – wenn es nötig ist – ein Arzt zur Stelle ist.

Verbinde richtig! Die Buchstaben, die nicht von einer Verbindungslinie getroffen werden, ergeben von oben nach unten gelesen das Lösungswort.

Kleine Wunden wie Abschürfungen oder Schnitte behandelt man	einem sterilen Verband ab, bis der Arzt sie behandelt.
Größere Blutungswunden deckt man mit	nur entfernen, wenn sie nicht haftet; die Körperstelle unter fließendem Wasser kühlen.
Bei einer **kleineren Verbrennung** soll man die Kleidung	mit Sprühdesinfektion und klebt ein Pflaster darüber.
Bei einer **kleineren Verbrühung** die Kleider	getränkte Kleider entfernt und die Haut mit viel Wasser intensiv abgespült.
Nach **Tierbissen** soll die Wunde sofort mit	kalten Umschlägen vermindert werden. Vorsicht bei Stichen im Mund: Eis lutschen und Notruf tätigen!
Bei **Insektenstichen** soll die Schwellung mit	entfernen und die Hautstelle unter fließendem Wasser kühlen.
Zecken, die sich festgebissen haben, sollen	dann die Entgiftungszentrale angerufen werden.
Bei **Verätzungen** der Haut werden	heißem Seifenwasser ausgewaschen werden. Das tötet Tollwutviren.
Nach dem **Schlucken von ätzenden Stoffen** soll der Mund ausgespült und	kalten Umschlägen und Ruhigstellen, evtl. Hochlagern, versorgt.
Eine **Quetschung** und eine **Verstauchung** werden mit	nach vorne gebeugt werden. Kalte Umschläge im Nacken können helfen.
Bei **Nasenbluten** soll der Kopf	möglichst gerade mit einer Pinzette herausgezogen werden.

Buchstaben (von oben nach unten): Ⓤ B Ⓝ Ⓕ R Ⓐ Ⓛ Ⓛ C K Ⓥ F J Ⓔ Ⓡ Ⓗ S S Ⓤ̈ M Ⓣ Ⓤ I Ⓝ N W Ⓖ

Besser als jede Erste Hilfe ist eine gute ***UNFALLVERHÜTUNG***.

Fachärzte

Sicher warst du schon bei einigen Ärzten. Weil die Medizin eine sehr umfassende Wissenschaft ist, haben sich viele Ärzte auf Fachgebiete spezialisiert. Manche Bezeichnungen hast du vielleicht schon einmal gehört.

Finde heraus, wie sich folgende Fachärzte nennen:

Beachte:
Ä = AE Ö = OE
Ü = UE ß = SS

A N A E S T H E S I S T	Dieser Arzt beschäftigt sich mit Methoden der Schmerztherapie und der Notfallmedizin. Er wird z. B. für Narkosen herangezogen.
C H I R U R G (B ? D)	Der Name dieses Arztes leitet sich von dem griechischen Wort für „Handwerk" ab. Er behandelt Krankheiten und Verletzungen z. B. durch Operation.
G Y N A E K O L O G E (X ? Z)	Dieser Arzt behandelt Krankheiten der weiblichen Geschlechtsorgane. Außerdem betreut er Frauen während der Schwangerschaft und Geburt medizinisch.
D E R M A T O L O G E	Er ist Spezialist, wenn es um die Behandlung und Betreuung von Patienten mit Erkrankungen der Haut geht.
K A R D I O L O G E	Er ist Facharzt für Herz- und Herz-Kreislauf-Erkrankungen.
P U L M O L O G E	Sein Spezialgebiet sind die Erkrankungen der Lungen und der Bronchien.
N E U R O L O G E	Er befasst sich mit den Erkrankungen des zentralen und peripheren Nervensystems (Gehirn, Rückenmark, Nerven).
U R O L O G E	Dieser Arzt ist Fachmann für Krankheiten der Niere, der Harnwege und der männlichen Geschlechtsorgane.

Schutz vor AIDS

Ja oder nein? Wenn du die richtige Antwort ankreuzt, bekommst du die Lösung!

	Ja!	Nein!
HIV[1] ist die Abkürzung für das Menschliche Immunschwäche-Virus. HIV-infiziert oder HIV-positiv bedeutet, dass eine Ansteckung mit dem HI-Virus vorliegt, der/die Betroffene aber keine Krankheitsanzeichen hat.	☒ K	○ L
AIDS[2] ist eine erworbene Immunschwächekrankheit. AIDS-krank bedeutet, dass Krankheitssymptome oder Folgeerkrankungen bereits vorhanden sind.	☒ O	○ I
Sexuell übertragbare Krankheiten sind in den letzten Jahren – auch in unseren Breiten – im Vormarsch. Die wichtigsten sind: Grippe, Masern, Röteln und Malaria.	○ E	☒ N
Um sich **anzustecken**, muss eine infektiöse Körperflüssigkeit in den Körper gelangen. Dies kann entweder über Schleimhäute, offene Wunden oder Injektionen erfolgen.	☒ D	○ B
Infektiöse Körperflüssigkeiten sind v. a. Blut, Sperma, Scheidenflüssigkeit, Gehirn- und Rückenmarksflüssigkeit.	☒ O	○ E
Ebenfalls **hochinfektiös** sind das Badewasser eines HIV-Infizierten, Schweiß, Nasensekret, Speichel und Urin.	○ F	☒ M
Ungeschützter Sexualverkehr, sowohl vaginal als auch anal, sind wie der ungeschützte Oralverkehr ein Risiko.	☒ E	○ R
Kaum ein Risiko ist das gemeinsame Benutzen von Injektionsnadeln und Spritzen bei Drogensüchtigen, das so genannte **Needle-Sharing**.	○ I	☒ S
Eine Infektion kann über **Blut oder Blutprodukte** erfolgen. Die Wahrscheinlichkeit, eine HIV-positive Blutkonserve zu erhalten, liegt bei ca. 1:3.	○ D	☒ C
Der häufigste HIV-Übertragungsweg ist **ungeschützter Geschlechtsverkehr** mit einem infizierten Partner oder einer infizierten Partnerin.	☒ H	○ M
Küssen eines Aidskranken ist sehr riskant. Mundschleimhaut kommt dabei mit **Speichel** in Kontakt, das führt zwangsläufig zu einer Ansteckung.	○ Ä	☒ Ü
Über **Insektenstiche** kann eine Infektion übertragen werden.	○ R	☒ T
Wenn man nach dem ungeschützten Geschlechtsverkehr drei Monate bis zum **HIV-Antikörpertest** wartet, so ist das Testergebnis ziemlich sicher.	☒ Z	○ F
AIDS ist **nicht heilbar**, aber behandelbar! Es gibt (noch) keine Substanz, die HIV aus dem Organismus entfernen kann, aber mit der Kombinationstherapie lassen sich das Virus und die Symptome gut kontrollieren.	☒ E	○ L
Um eine Ansteckung zu verhindern, gibt es die **„Pille danach"**. Gleich nach der Risikosituation wird eine Tablette geschluckt und die **Ansteckungsgefahr** ist danach fast 0.	○ S	☒ N

Weltweit sind ca. 40 Millionen Menschen von HIV/AIDS betroffen. Die Zahl der Todesopfer im Jahr 2005 beträgt 3,1 Mio. Menschen. Im Jahr 2005 infizierten sich weltweit rund 4,9 Mio. Menschen neu mit der Immunschwächekrankheit (Quelle: UNAIDS 2005). Bedenke:

Lösung: **K O N D O M E S C H Ü T Z E N**

[1] HIV: Abkürzung für englisch *Human Immunodeficiency Virus*
[2] AIDS oder Aids: Abkürzung für englisch *Acquired Immune Deficiency Syndrome*

Rauchen – nein danke

Eine Zigarettensucht kann genauso stark sein wie die Abhängigkeit von Alkohol, Heroin oder Kokain. Jedes Abgewöhnen fällt schwerer als der Verzicht von Anfang an!

Rauchen verändert das E R B G U T ! +13 -16 +5 +14 -1	Jede Zigarette führt zu **Veränderungen im Erbgut**, d. h. in den **DNA**-Strängen. Nur ein Teil kann der Körper reparieren.
Rauchen führt zu K R E B S ! -9 +7 -13 -3 +17	Im Tabak sind viele **krebserregende Stoffe** enthalten. Rauchen gilt als häufige Ursache für Lungenkrebs und andere **Krebserkrankungen**.
Rauchen macht I N V A L I D E ! -10 +5 +8 -21 +11 -3 -5 +1	Durch das Rauchen wird auch das **Herz-Kreislauf-system** stark belastet. Herzinfarkt, Schlaganfall, Bluthochdruck und Arteriosklerose sind mögliche Folgen.
Rauchen nimmt die A T E M L U F T ! -4 +19 -15 +8 -1 +9 -15 +14	Kohlenmonoxid ist ein gefährliches **Atemgift**, das u. a. bei der Verbrennung von Tabak entsteht. Raucher haben daher eine **verringerte Lungenfunktion**. Dies setzt die körperliche und geistige **Leistungsfähigkeit herab**.
Rauchen macht I M P O T E N T ! -11 +4 +3 -1 +5 -15 +9 +6	Rauchen erhöht das Risiko von **Erektionsstörungen**. Rauchende Männer gefährden zudem ihre Fruchtbarkeit, weil durch das Rauchen die Anzahl und die Beweglichkeit der Spermien beeinträchtigt werden.
Rauchen lässt A L T aussehen! -19 +11 +8	Rauchen beschleunigt die **Hautalterung** und Faltenbildung.
Rauchen macht H E R Z K R A N K ! -12 -3 +13 +8 -15 +7 -17 +13 -3	Rauchen erhöht das **Herzinfarktrisiko**. Besonders Frauen sind durch die Kombination Rauchen und Pilleneinnahme stärker infarktgefährdet.
Rauchen schädigt das U N G E B O R E N E ! +10 -7 -7 -2 -3 +13 +3 -13 +9 -9	Wenn die **schwangere Mutter** raucht, schadet es dem ungeborenen Kind. Babys von Raucherinnen haben häufig ein **zu niedriges Geburtsgewicht** und **langfristige Gesundheitsschäden**.

A B C D E F G H I J K L M N O P Q R S T U V W X Y Z

Die Zahlen geben an, wie viele Buchstaben du im Alphabet vor- (+) oder zurück- (–) hüpfen musst!

BLATT 17

Säugetiere

Die Säugetiere umfassen im Verhältnis zu anderen Tiergruppen nur eine kleine Gruppe der Tiere auf der Welt.
Ihr Bestand macht gerade mal 0,3 % aus.
Kennst du die Gemeinsamkeiten der Tiere dieser Tiergruppe?

Markiere jeweils das richtige Satzende (A oder B). Die Lösungssilben ergeben aneinandergereiht die Lösung für das Bildrätsel.

	A	B
Säugetiere gehören zu den	☒ **Wirbeltieren.** Ei	○ **Wirbellosen.** Mei
Bei den meisten Säugetierarten kommen die Jungen	○ **in einem Ei auf die Welt.** se	☒ **lebend auf die Welt.** ne
Nach der Geburt werden die Jungen von der Mutter	☒ **gesäugt.** Gi	○ **verstoßen.** Be
Säuger atmen durch	☒ **Lungen.** raf	○ **Kiemen.** tun
Das Gehirn von Säugetieren ist	○ **sehr klein.** ge	☒ **sehr leistungsfähig.** fe
Ihre Körpertemperatur können Säugetiere	☒ **regulieren.** mit	○ **nicht beeinflussen.** so
Ein besonderes Säugetier-Merkmal sind die	☒ **Haare.** Schluck	○ **Fettspeicher.** Trink
Der Körperbau aller Säugetiere	☒ **ist sehr ähnlich.** auf	○ **kann sehr verschieden sein.** ab

Was ist das?

eine Giraffe

mit Schluckauf

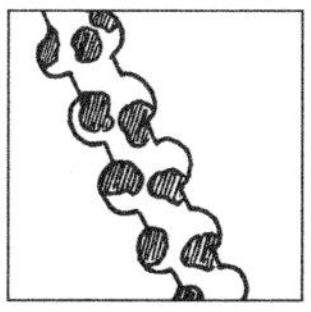

BLATT 18

HUNDE

Hast du einen Hund? Oder kennst du irgend einen Hund sehr gut?
Teste hier dein Wissen über die beliebtesten Gefährten des Menschen:

Hunde stammen ab vom ...	○ **Bären** S	☒ **Wolf** D	○ **Löwen** B
Junge Hunde heißen ...	☒ **Welpen** E	○ **Wampen** C	○ **Kälber** A
Der männliche Hund heißt ...	○ **Ranke** C	○ **Raute** H	☒ **Rüde** R
Weil Hunde nicht auf den ganzen Sohlen gehen, werden sie so genannt:	○ **Fersengeher** K	○ **Krallen-läufer** A	☒ **Zehen-gänger** D
Hunde lernen sich untereinander besser kennen, indem sie sich ...	○ **anjaulen** O	○ **lange anschauen** E	☒ **be-schnuppern** A
Durch Schwanzwedeln drückt ein Hund aus:	☒ **Freude** L	○ **Angst** F	○ **Müdigkeit** K
Zähnefletschen und Knurren bedeutet:	○ **Hunger** S	☒ **Drohen** M	○ **Bauchweh** V
Eine gefährliche Hundekrankheit, die meist von Füchsen übertragen wird, heißt ...	○ **Grippe** R	☒ **Tollwut** A	○ **BSE** I
Hunde können nicht schwitzen, wenn ihnen heiß ist. Sie kühlen sich ab durch ...	☒ **Hecheln** T	○ **Duschen** G	○ **Fressen** E
Hunde sind ausdauernde Läufer. Bei der Jagd sind sie gute ...	☒ **Hetzjäger** I	○ **Taucher** O	○ **An-schleicher** H
Besonders gut ausgebildet beim Hund sind:	○ **Augen und Ohren** B	☒ **Nase und Ohren** N	○ **Augen und Nase** U
Der Hund braucht einen festen Platz in seiner Gruppe, bei Wölfen heißt sie:	○ **Verein** N	☒ **Rudel** E	○ **Sippe** L
Hunde markieren ihr Revier mit	○ **Pfoten-abdrücken** D	○ **Speichel** N	☒ **Urin** R

Wenn du jeweils die richtige Lösung findest und den Lösungsbuchstaben unten einträgst, ergibt sich eine Hunderasse.

Lösung: **DER DALMATINER**

Welche Hunderassen kennst du noch?

BLATT 19

KATZEN

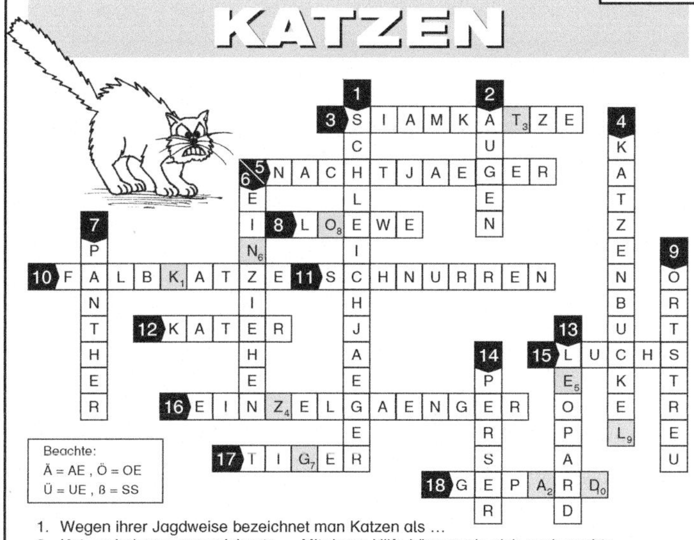

1. Wegen ihrer Jagdweise bezeichnet man Katzen als ...
2. Katzen haben ausgezeichnete ... Mit deren Hilfe können sie sich auch nachts sehr gut orientieren.
3. alte Rassekatze mit blauen Augen, die wahrscheinlich aus Thailand stammt
4. Drohgebärde der Katze
5. Die Katze geht vorwiegend bei Dämmerung und im Dunkeln auf die Jagd. Sie ist ein ...
6. Im Gegensatz zum Hund kann die Katze ihre Krallen ...
7. schwarzer Leopard oder Jaguar
8. berühmtes Raubtier der afrikanischen Savanne
9. Die Katze verlässt ungern ihr Revier, sie ist ...
10. Unsere Hauskatze stammt von der ägyptischen ... ab.
11. Geräusch, das die Katze macht, wenn sie sich wohl fühlt
12. männliche Katze
13. in Asien und Afrika beheimatete Wildkatze, die besonders gut klettern kann
14. sehr beliebte langhaarige Rassekatze
15. Wildkatze, die durch lange Beine, einen kurzen Schwanz und Pinselohren gekennzeichnet ist
16. Katzen sind gern allein, sie sind ...
17. größte Katze der Welt mit dunkler Streifung
18. mit bis zu 120 km/h das schnellste Landtier

Das Lösungswort hat mit der Katze gar nichts zu tun; es bezeichnet ein fälschlich für Gold gehaltenes Mineral, das nur glänzt wie Gold ...

Lösung **KATZENGOLD**
1 2 3 4 5 6 7 8 9 10

BLATT 20

Das Rind

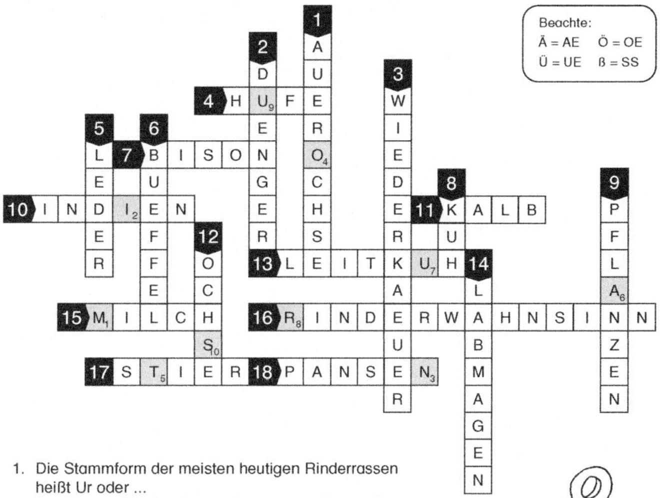

1. Die Stammform der meisten heutigen Rinderrassen heißt Ur oder ...
2. Der Kot von Rindern kann als ... verwendet werden.
3. Weil Rinder ihre Nahrung zweimal kauen, nennt man sie ...
4. Die von Horn überzogenen Zehen der Rinder heißen ...
5. Die Haut von Rindern kann zu ... verarbeitet werden.
6. Wildrind aus Afrika
7. Wildrind der nordamerikanischen Prärie
8. weibliches Rind
9. Rinder fressen ausschließlich ...
10. In diesem Land gelten Kühe als heilig.
11. junges Rind
12. kastriertes, männliches Rind
13. Wie heißt die Kuh, die der Herde aufgrund der Rangordnung immer vorausgeht?
14. erster Teil des Rindermagens, in dem die Nahrung eingeweicht wird
15. Weibliche Rinder liefern ... Diese wird z. B. zu Butter und Käse verarbeitet.
16. anderer Name für die Rinderkrankheit BSE, die seit 1986 bekannt ist
17. männliches Rind
18. Dort setzt nach dem Wiederkäuen die eigentliche Verdauung ein.

Was kannst du über diese Sagengestalt mit Stierkopf herausfinden?
Tipp: Griechische Mythologie!

Lösung **MINOTAURUS**
1 2 3 4 5 6 7 8 9 10

BLATT 21

Hühner-Puzzle

Schneide die Puzzleteile des Huhns genau aus und füge sie so aneinander, dass sinnvolle Sätze entstehen. Schreibe dann die 13 Sätze ab und unterstreiche in jedem Satz das wichtigste Wort.

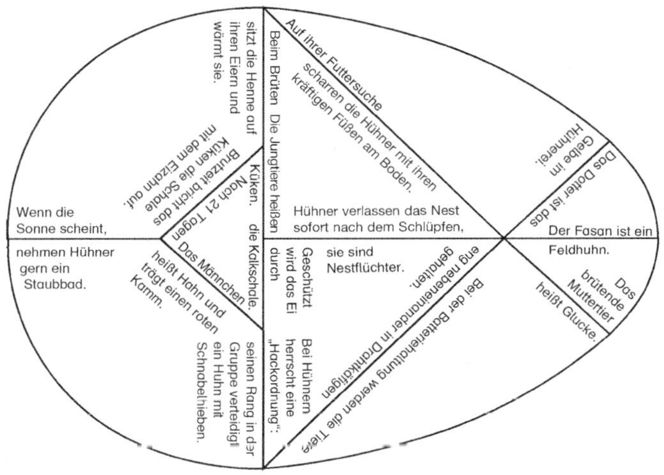

Auf ihrer Futtersuche **scharren** die Hühner mit ihren kräftigen Füßen am Boden.
Das Männchen heißt Hahn und hat einen roten **Kamm** auf dem Kopf.
Beim **Brüten** sitzt die Henne auf ihren Eiern und wärmt sie.
Das brütende Muttertier heißt **Glucke.**
Die Jungtiere heißen **Küken.**
Geschützt wird das Ei durch die Kalkschale.
Nach 21 Tagen Brutzeit bricht das Küken die Schale mit dem **Eizahn** auf.
Hühner verlassen das Nest sofort nach dem Schlüpfen, sie sind **Nestflüchter.**
Das Dotter ist das Gelbe im Hühnerei.
Bei der **Batteriehaltung** werden die Tiere eng nebeneinander in Drahtkäfigen gehalten.
Bei Hühnern herrscht eine **„Hackordnung“**: Seinen Rang in der Gruppe verteidigt ein Huhn mit Schnabelhieben gegen untergeordnete Gruppenmitglieder.
Wenn die Sonne scheint, nehmen Hühner gern ein **Staubbad.**
Der **Fasan** ist ein Feldhuhn.

BLATT 22

VÖGEL

Beachte:
ß = SS

B	W	A	C	H	T	E	L	U	F	A	S	A	N	K
L	M	Ö	W	E	K	A	N	I	N	C	H	W	I	O
A	T	U	E	P	A	P	A	G	E	I	E	Z	H	L
U	M	B	U	N	T	S	P	E	C	H	T	G	E	I
M	U	G	L	F	B	U	I	L	N	P	F	A	U	B
E	S	E	E	P	H	P	H	S	D	S	G	D	K	R
I	T	I	L	I	A	E	Z	T	F	I	N	K	R	I
S	R	E	Ö	N	B	L	O	E	N	T	E	K	Ä	S
E	A	R	T	G	I	I	K	R	A	N	I	C	H	C
K	U	C	K	U	C	K	K	O	T	A	U	B	E	H
T	S	D	I	I	H	A	F	K	S	T	A	R	A	W
M	S	V	B	N	T	N	D	A	S	P	D	J	E	A
R	E	I	H	E	R	R	A	M	S	E	L	Ü	M	L
R	O	T	K	E	H	L	C	H	E	N	E	Z	U	B
Y	F	A	L	K	E	P	A	S	T	O	R	C	H	E

In diesem Suchgitter sind 30 Vogelnamen versteckt. Findest du sie alle?

Adler	Ente	Habicht	Papagei	Schwalbe
Amsel	Eule	Kolibri	Pelikan	Star
Blaumeise	Falke	Krähe	Pfau	Storch
Buntspecht	Fasan	Kranich	Pinguin	Strauß
Elster	Fink	Kuckuck	Reiher	Taube
Emu	Geier	Möwe	Rotkehlchen	Wachtel

Welche dieser Vögel hast du schon einmal gesehen?
Welche leben bei uns, welche in anderen Teilen der Erde?
Können alle Vögel fliegen?

BLATT 23

Fische

Beachte:
Ä = AE Ö = OE
Ü = UE ß = SS

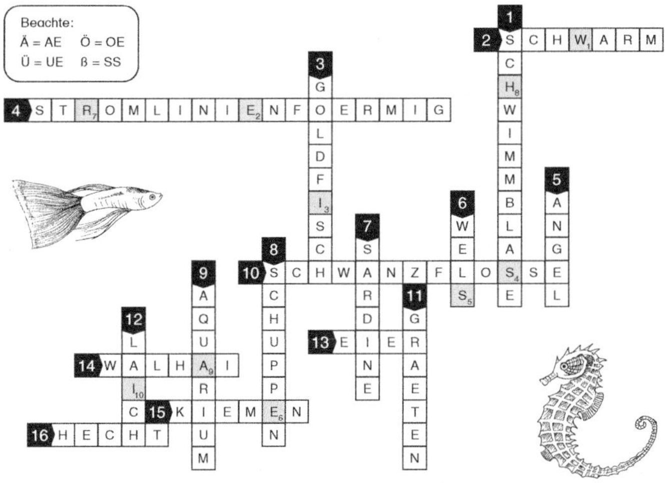

1. Womit steuern Fische die Schwimmtiefe?
2. So nennt man eine Formation, bei der viele Fische nebeneinander in dieselbe Richtung schwimmen.
3. hübscher orangefarbener Zierfisch, häufig in Park- und Gartenteichen
4. Fische haben einen Körperbau, der sie besonders gut durch das Wasser gleiten lässt: Er ist …
5. Fischfanggerät
6. großer heimischer Süßwasserfisch mit 2 langen und 2 kurzen Bartfäden
7. beliebter, häufig in Öl eingelegter Fisch
8. Die meisten Fische haben …, die wie Dachziegeln ihre Oberfläche bedecken.
9. Hierin werden Fische als Haustiere gehalten.
10. hinterste Flosse, die bei den meisten Fischen für den Antrieb verantwortlich ist
11. dünne, verknöcherte Teile des Skeletts von Knochenfischen
12. Fischeier nennt man auch …
13. Nur wenige Fische kommen lebend zur Welt. Die meisten legen …
14. Wie heißt der größte bekannte lebende Fisch? (Er wird bis zu ca. 13 m lang!)
15. Atemorgan der meisten Fische
16. schneller heimischer Raubfisch und wertvoller Speisefisch

Die Buchstaben in den grauen Feldern ergeben das Lösungswort:

WEISSER HAI
1 2 3 4 5 6 7 8 9 10

Was kannst du über dieses Tier herausfinden?

BLATT 24

Salz- oder Süßwasserfisch?

Trage die unten stehenden Fische in das Gitter ein.
Die grau hinterlegten Buchstaben ergeben ein leckeres Lösungswort:

FISCHSTAEBCHEN
1 2 3 4 5 6 7 8 9 10 11 12 13 14

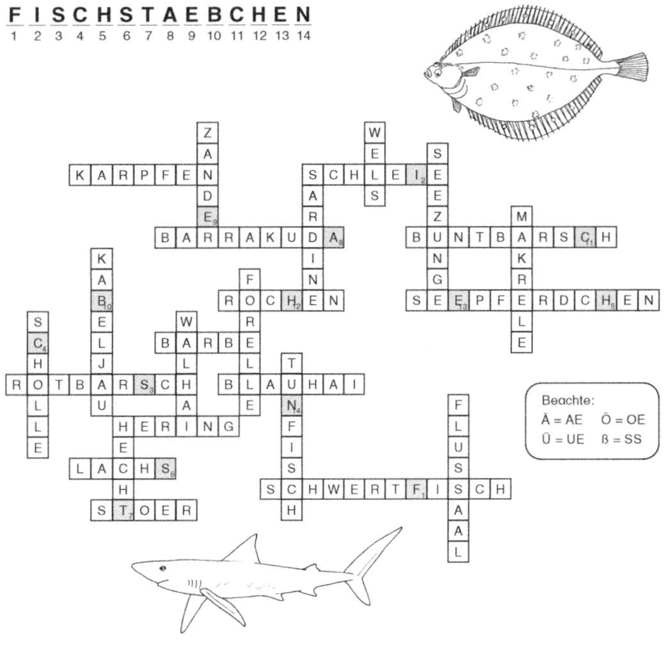

Beachte:
Ä = AE Ö = OE
Ü = UE ß = SS

Süßwasserfische:

Forelle, Karpfen, Flussaal, Barbe, Zander, Buntbarsch, Wels, Hecht, Schleie

Salzwasserfische:

Sardine, Makrele, Walhai,Tunfisch, Hering, Kabeljau, Rotbarsch, Seepferdchen, Blauhai, Schwertfisch, Scholle, Seezunge, Barrakuda

Fische, die im Süßwasser oder Salzwasser zu Hause sind:

Lachs, Stör, Rochen

Welche dieser Fische kennst du? Welche hast du schon einmal gegessen?

BLATT 25

Lurche

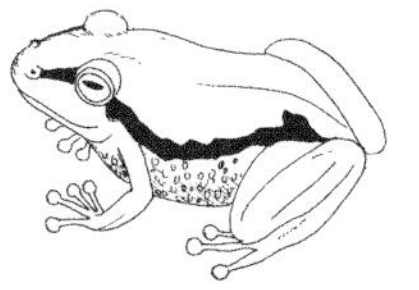

Beachte:
Ä = AE Ö = OE
Ü = UE ß = SS

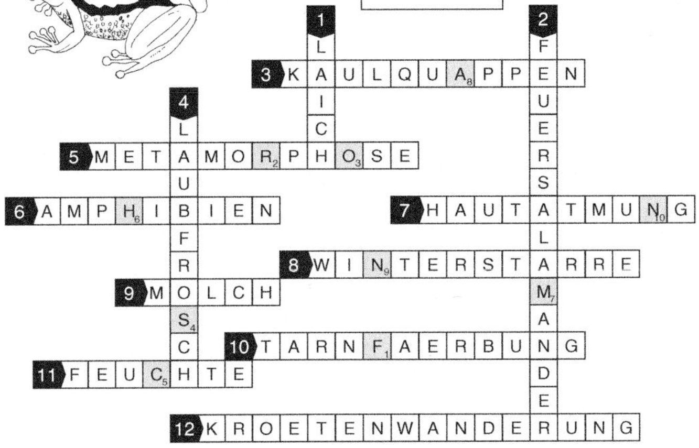

1. So heißen die vom Weibchen abgelegten Eier.
2. Lurch aus heimischen Wäldern, der auffällig schwarz und gelb gemustert ist
3. Wie heißen die Froschlarven?
4. Schöner grüner Frosch, der für sein kräftiges, kurzes Quaken und geschicktes Klettern bekannt ist
5. Fachwort für die Umwandlung von der Froschlarve zum Frosch
6. Lurche
7. besondere Form der Atmung über die Körperoberfläche
8. Im Winter verfällt der Frosch am Boden des Teichs in eine …
9. ein Schwanzlurch
10. Wodurch sind Frösche oft ihrer Umgebung angepasst und für den Feind nicht so leicht sichtbar?
11. Frösche können schnell austrocknen und bevorzugen daher … Lebensräume.
12. Das rechts abgebildete Schild warnt vor …

LÖSUNG: F R O S C H M A N N
1 2 3 4 5 6 7 8 9 10

Schau im Wörterbuch nach, was der Begriff bedeutet!

BLATT 26

Schnecken

Sicherlich hast du schon einmal eine Schnecke beim Kriechen beobachtet. Du kennst auch die Redensart „langsam wie eine Schnecke“. Wusstest du aber auch, dass die Kriechsohle der Schnecke so widerstandsfähig ist, dass das Tier sogar unbeschadet über aufgestellte

R A S I E R K L I N G E N kriechen kann?

Kreuze im Toto jeweils das richtige Feld an. Du erhältst das Lösungswort, indem du die Lösungsbuchstaben (links unten im Kästchen) aneinanderreihst.

Schnecken sind	☒ Weichtiere. R	○ Insekten. T	○ Amphibien. M
Tagsüber findest du sie meistens	○ auf sonnigen Steinböden. I	☒ an feuchten, dunklen Orten. A	○ in Ameisenhaufen. E
In heißen Sommern	☒ halten sie einen Trockenschlaf. S	○ legen sie das Haus ab. L	○ halten sie sich in Pfützen auf. I
Im Winter	☒ halten sie Winterstarre. I	○ schützt sie eine Fettschicht vor Kälte. B	○ fühlen sie sich am wohlsten. O
In der Regel fressen sie	○ alles. W	☒ Pflanzenteile. E	○ Erde. P
Weinbergschnecken vermehren sich, indem	○ sie fertig entwickelte Schnecken gebären. G	○ sich ihr Körper in zwei Teile teilt. L	☒ sie Eier legen. R
Auf den Fühlern der Schnecke befinden sich	○ Ohren. B	☒ Augen. K	○ Atmungsorgane. A
Wenn sich eine Nacktschnecke bedroht fühlt,	○ beißt sie. V	○ verspritzt sie ein giftiges Sekret. N	☒ rollt sie sich zusammen. L
Der klebrige Schleim der Schnecke	○ schreckt Feinde ab. G	☒ hilft bei der Fortbewegung. I	○ ist eine Art Schweiß. F
Der untere Teil der Schnecke heißt	☒ Fuß. N	○ Gleitschuh. T	○ Schlatzbauch. S
Eine bei uns häufige rote Nacktschneckenart heißt	☒ Spanische Wegschnecke. G	○ Karibische Gehäuseschnecke. B	○ Afrikanische Zimtschnecke. D
Das Schneckenhaus einer Gehäuseschnecke besteht aus	☒ Kalk. E	○ Hornhaut. I	○ Knorpel. A
Als Schnecke bezeichnet man auch beim Menschen	○ die Pupille im Auge. T	☒ ein Teil im Ohr. N	○ eine Nasenwindung. M

BLATT 27

Insekten

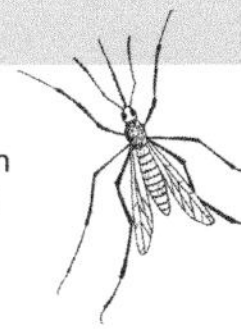

Insekten sind weltweit mit weit über 1 Million bekannter Arten die artenreichste Tiergruppe überhaupt. Nach verschiedenen Schätzungen liegt die tatsächliche Zahl aber bei einem Vielfachen davon: Vor allem in den tropischen Regenwäldern vermutet man noch eine Fülle von Arten, die noch niemand je zu Gesicht bekommen hat …

Im Suchgitter sind 26 Insektennamen versteckt.
Kannst du sie alle finden?

Beachte:
ß = SS

S	C	H	N	A	K	E	F	L	I	E	G	E	B	W	Q	E
I	W	E	S	P	E	K	G	R	I	L	L	E	O	N	S	Ö
L	G	O	T	T	E	S	A	N	B	E	T	E	R	I	N	J
B	P	B	S	T	E	C	H	M	Ü	C	K	E	K	S	E	L
E	L	H	E	H	G	H	E	U	S	C	H	R	E	C	K	E
R	I	U	E	I	A	M	E	I	S	E	V	L	N	H	B	W
F	B	M	A	R	I	E	N	K	Ä	F	E	R	K	A	W	C
I	E	M	C	S	B	T	B	R	E	M	S	E	Ä	B	A	H
S	L	E	U	C	H	T	K	Ä	F	E	R	C	F	E	N	K
C	L	L	B	H	J	E	M	A	I	K	Ä	F	E	R	Z	R
H	E	F	I	K	V	R	I	O	H	R	W	U	R	M	E	M
C	A	L	E	Ä	B	L	A	T	T	L	A	U	S	A	L	I
H	D	O	N	F	M	I	S	T	K	Ä	F	E	R	C	Z	E
E	P	H	E	E	J	N	F	L	Ö	E	G	E	T	K	K	U
N	Z	Q	W	R	L	G	R	A	S	H	Ü	P	F	E	R	L
N	M	A	F	K	J	P	M	M	O	R	I	L	V	S	T	A

Ameise	Gottesanbeterin	Libelle	Schnake
Biene	Grashüpfer	Maikäfer	Silberfischchen
Blattlaus	Grille	Marienkäfer	Stechmücke
Borkenkäfer	Heuschrecke	Mistkäfer	Wanze
Bremse	Hirschkäfer	Ohrwurm	Wespe
Fliege	Hummel	Schabe	
Floh	Leuchtkäfer	Schmetterling	Alle gefunden???

BLATT 28

Erstaunliches aus dem Tierreich

Manche Säugetiere haben beeindruckende Fähigkeiten. In der Tierwelt gibt es schnelle Läufer, Langschläfer, Riesen und Winzlinge, und außergewöhnliche Rekordhalter.

Finde heraus, welche Tiere hier gemeint sind.

Beachte: Ä = AE

G E P A R D
-2 +11 -15 +17 -14
Dieses Tier ist der **schnellste Läufer.** Er bringt es auf 110 km/h, braucht allerdings danach unbedingt eine Pause.

K O A L A
+7 +4 -14 +11 -11
Er ist ein absoluter **Langschläfer,** verdöst bis zu 22 Stunden pro Tag…

E L E F A N T
+4 +7 -7 +1 -5 +13 +6
Dieses afrikanische Tier hat **Riesenohren.** Seine Ohrmuschel kann 1–2 m lang werden.

K A E N G U R U
-9 -10 +4 +9 -7 +14 -3 +3
Dieses Tier schafft erstaunlich **große Sprünge** von um die 10 m!

B L A U W A L
-19 +10 -11 +20 +2 -22 +11
Mit bis zu 180 t ist dieses Tier der **größte lebende Säuger.**

M O S C H U S O C H S E
+1 +2 +4 -16 +5 +13 -2 -4 -12 +5 +11 -14
Das **längste Fell** hat er. In Grönland schützt ihn das 60–90 cm lange Haarkleid vor Kälte.

S C H N A B E L T I E R
+14 -16 +5 +6 -13 +1 +3 +7 +8 -11 -4 +13
Ein wirklich außergewöhnliches Säugetier: Es lebt in Australien, das Weibchen kann **Eier legen** (!) und das Männchen hat einen **giftigen Dorn** an den Hinterfüßen.

A B C D E F G H I J K L M N O P Q R S T U V W X Y Z

Die Pfeile geben an, wie viele Buchstaben im Alphabet du vorwärts (+) oder rückwärts (-) hüpfen musst!

BLATT 29

Gemeinsam sind wir stark!

Manche Tiere sind Einzelgänger, andere leben paarweise oder finden sich nur zur Paarungszeit zusammen. Es gibt aber auch viele Tiere, die sich zu Gruppen zusammenschließen.

Entschlüssle die Geheimschrift!

Tipp: Senkrechte Striche sind Vokale, Querstriche sind die darauf folgenden Konsonanten, also zum Beispiel: | : A † : B || : E ‡ : G ||| : I # : K

KLAR? ? # # | # ?

# |||| ‡ || #	R U D E L	Das Wort stammt aus der Jägersprache und bezeichnet einen kleinen Zusammenschluss von bestimmten Säugetieren (zum Beispiel Elche, Hirsche oder Seehunde).
‡ || # ‡ ||	H E R D E	So nennt man einen größeren Zusammenschluss von bestimmten Säugetieren. Manchmal bilden auch verschiedene Tierarten gemeinsam eine solche Gruppe, wie z. B. Zebras, Gnus und Strauße in Afrika.
# † ‡ # | # #	S C H W A R M	Es ist die Bezeichnung für einen Zusammenschluss sehr vieler schwimmender oder fliegender Tiere (Fische, Vögel oder Insekten), die sich in der Regel gemeinsam und koordiniert bewegen.
# † ‡ |||| # ||	S C H U L E	Dieser Begriff hat nichts mit einer Lehranstalt zu tun: So werden die Gruppen genannt, in denen Delfine und Wale zusammenleben.
# ||| # # ||	R O T T E	Dieser Begriff kommt aus der Jägersprache und wird beispielsweise für Wildschweinverbände benutzt.
# # | | #	S T A A T	Man kennt diesen Begriff auch aus der Politik. In der Biologie wird eine Gemeinschaft von Tieren so genannt, in der es eine Arbeitsteilung gibt (z. B. bei Bienen oder Ameisen).
‡ ||| ‡ ||| # ||| ||	K O L O N I E	So nennt man verschiedenartige Tiergemeinschaften: so z. B. die großen Gruppen gemeinsam brütender Pinguine, aber auch Murmeltiergruppen oder Korallenstöcke.

BLATT 30

Säugetiere im Wald

Beachte:
Ä = AE Ö = OE
Ü = UE ß = SS

?

1 W I L D S C H W E I N
2 R O T H I R S C H
3 I G E L
4 D A C H S
5 W O L F
6 B A U M M A R D E R
7 F U C H S
8 E I C H H O E R N C H E N
9 W A L D M A U S
10 R E H
11 S I E B E N S C H L A E F E R

1. Dieser Allesfresser liebt schlammige Stellen zum Suhlen. Das Weibchen heißt Bache, das Männchen Keiler und die Jungen werden Frischlinge genannt.
2. Dieses Tier wird auch „König des Waldes" genannt. Es hat ein prächtiges Geweih, das jährlich abgeworfen wird.
3. Bei Gefahr rollt er sich zusammen, weshalb er oft von Autos überfahren wird.
4. Er gehört zur Familie der Marder und ist leicht erkennbar an seinen Streifen an Kopf und Schulter.
5. Er war einst ein weit verbreiteter Jäger in Europa, wurde aber vom Menschen fast ausgerottet.
6. Er ist ein guter Kletterer und sein Fell ist braun bis rotbraun gefärbt.
7. Er lebt in unterirdischen Bauten. In vielen Gebieten wurde auch er fast ausgerottet, weil er die Tollwut übertragen kann.
8. Dieses Tier kann gut klettern und springen, wobei sein buschiger Schwanz als Steuer dient. Es frisst gern Früchte, Samen und Nüsse.
9. Dieses kleine Tier ist tag- und nachtaktiv und frisst Insekten, Würmer, Spinnen und Schnecken.
10. Es ist in der Dämmerung auf Wiesen zu beobachten und hat immer einen Spiegel dabei!
11. Dieser Nager ist ein nachtaktives Tier. Er hält sieben Monate Winterschlaf.

Dieses Verkehrszeichen sieht man oft an Straßen, die durch einen Wald führen. Sie warnen den Autofahrer vor Tieren, die vor allem in der Dämmerung über die Straße laufen können.
Wie heißt das Verkehrszeichen?

ACHTUNG **W I L D W E C H S E L** !

BLATT 31

Im Wald – auf den zweiten Blick

Finde im Rätselgitter 24 Begriffe:
Es ist alles Mögliche versteckt, was man bei einem Waldspaziergang entdecken kann – wenn man mal ein bißchen genauer hinsieht ...

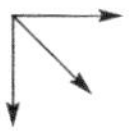

W	L	A	U	B	T	X	X	M	O	O	S	S	D	T
E	G	R	A	S	D	F	A	R	N	V	Y	C	X	L
B	L	I	N	D	S	C	H	L	E	I	C	H	E	A
E	T	G	U	S	E	N	F	U	R	S	S	L	I	R
R	O	F	H	V	C	A	A	L	S	S	H	A	S	V
K	T	P	I	L	Z	H	M	S	E	I	W	N	P	E
N	H	M	I	L	B	E	N	E	S	C	O	G	I	Z
E	O	H	R	W	U	R	M	E	I	E	H	E	N	E
C	L	K	A	E	F	E	R	E	C	S	L	T	N	C
H	Z	W	A	N	Z	E	A	N	R	K	E	M	E	K
T	N	S	T	E	I	N	B	E	L	D	E	Y	X	E
B	R	E	G	E	N	W	U	R	M	S	E	C	U	X
T	A	U	S	E	N	D	F	U	E	S	S	E	R	P

Beachte:
Ä = AE
Ö = OE
Ü = UE
ß = SS

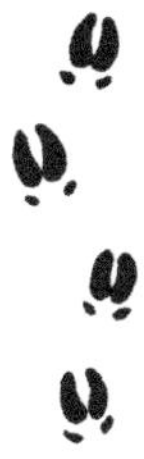

Ameise	Gras	Ohrwurm	Stein
Assel	Käfer	Pilz	Tausendfüßer
Blindschleiche	Larve	Regenwurm	Totholz
Erde	Laub	Schlange	Wanze
Farn	Milbe	Schnecke	Weberknecht
Flechte	Moos	Spinne	Zecke

Weißt du, welche Tiere die Trittspuren hinterlassen haben, die du hier sehen kannst?

links: *F U C H S* rechts: *R E H*

BLATT 32

Tropischer Regenwald

Kreuze bei diesem Rätsel 1, 2, oder X an.

	1	2	X
Im tropischen Regenwald **regnet** es ...	so gut wie nie. (W)	beinahe jeden Tag. (R)	nur im Sommer. (S)
Die **Temperatur** liegt ca. zwischen ...	0° und 18°C. (A)	24° und 27°C. (I)	30° und 40°C. (C)
Tropische Regenwälder gibt es ...	in Äquatornähe. (E)	nur auf der Südhalbkugel. (H)	nur auf Inseln. (R)
Die **Vernichtung** der Regenwälder ...	gefährdet das Klima der Erde. (S)	ist notwendig. (I)	spielt für Europa keine Rolle. (A)
Im **Unterholz** des Regenwaldes wachsen ...	Kakteen. (L)	saftige Weintrauben. (N)	Lianen. (E)
Die **Stämme** der Bäume im Regenwald sind ...	hoch und gerade. (N)	kurz und krumm. (D)	kurz und gerade. (S)
Der bekannteste **Fluss** im größten Regenwald der Erde heißt ...	Amazonas. (V)	Nil. (B)	Niger. (K)
Im Regenwald Zentralafrikas leben **kleinwüchsige Menschen,** die ...	Massai. (L)	Maori. (R)	Pygmäen. (O)
Die **Bäume** wachsen in tropischen Regenwäldern ...	im Stockwerkbau. (G)	in Alleen. (O)	in kleinen Gruppen. (I)
Charakteristische **Pflanzen** des Regenwaldes sind ...	Kamille und Salbei. (T)	Orchideen, Farne und Moose. (E)	Kakteen und Aloen. (B)
Kleine **Vögel,** die auch rückwärts fliegen können, heißen ...	Kakadus. (A)	Tropengeier. (T)	Kolibris. (L)
Bunte Regenwaldbewohner mit kräftigem Schnabel sind die ...	Papageien. (S)	Tigerenten. (E)	Tauben. (R)
Ein träges, langsames Tier, das in südamerikanischen Regenwäldern auf Bäumen hängt, heißt ...	Koala. (D)	Siebenschläfer. (M)	Faultier. (P)
In afrikanischen Regenwäldern leben die größten (2,3 m!) **Menschenaffen,** die ...	Gorillas. (I)	Schimpansen. (H)	Paviane. (B)
Nutzpflanzen aus den Tropen sind z. B. ...	Apfel und Birne. (U)	Banane und Vanille. (N)	Reis und Kartoffel. (A)
Die größte und schwerste (bis zu 150 kg) **Schlange** der Welt ist die ...	Anakonda. (N)	Ringelnatter. (G)	Python. (E)
Die **Würgefeige** bildet ...	Luftwurzeln. (E)	Bodenblätter. (D)	Erdäste. (R)

Das Lösungswort ist ein Tier mit ca. 30 cm Durchmesser. Mithilfe seiner Beißklauen spritzt es Gift in seine Beute. Durch das Ausschleudern von Brennhaaren kann es sich verteidigen.

LÖSUNG: **R I E S E N V O G E L S P I N N E**

BLATT 33

DIE TIERWELT AFRIKAS

Trage die Tiernamen in das Bastelgitter ein!

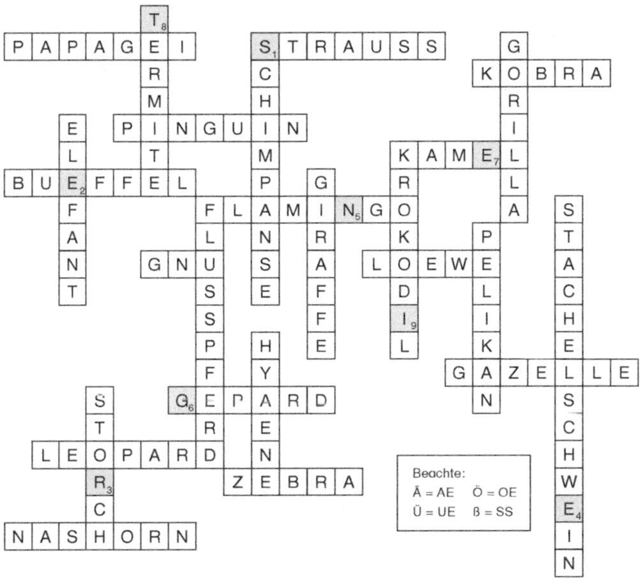

Beachte:
Ä = AE Ö = OE
Ü = UE ß = SS

Büffel • Elefant • Flamingo • Flusspferd • Gazelle • Gepard • Giraffe • Gnu • Gorilla • Hyäne • Kamel • Kobra • Krokodil • Leopard • Löwe • Nashorn • Papagei • Pelikan • Pinguin • Schimpanse • Stachelschwein • Storch • Strauß • Termite • Zebra

Lösung: S E R E N G E T I
1 2 3 4 5 6 7 8 9

Dieser Nationalpark, in der Sprache der Massai „das endlose Land", erstreckt sich über eine Fläche von etwa 14.000km² in Tansania. Der Park ist etwa so groß wie Nordirland. Etwa 3 Millionen große Wildtiere leben hier. Das Gebiet ist ideal, um bei einer Safari Tiere in ihrer natürlichen Umgebung zu beobachten.

BLATT 34

Pilze

Pilze wurden früher zu den Pflanzen gezählt. Heute führt man sie als eigene Gruppe. Was weißt du alles über Pilze?

Wenn du das Rätsel richtig löst, steht in jedem grauen Kästchen der gleiche Buchstabe!

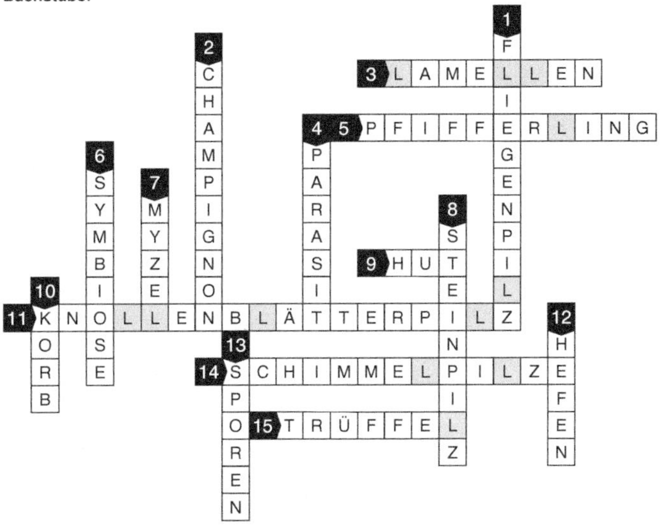

1. giftiger Pilz mit weiß getupftem rotem Hut
2. beliebter weißer Speisepilz
3. dünne Blättchen an der Unterseite mancher Pilzhüte
4. anderes Wort für Schmarotzer
5. sehr beliebter orange-gelber Speisepilz
6. Lebensgemeinschaft von z. B. Baum und Pilz zu beiderseitigem Vorteil
7. Zellfäden des Pilzes
8. beliebter Röhrenpilz mit braunem Hut
9. Der Fruchtkörper vieler Pilze besteht aus Stiel und …
10. der zum Pilzesammeln üblicherweise verwendete Behälter
11. unser gefährlichster Giftpilz
12. einzellige Pilze, die zur Bierproduktion verwendet werden
13. Sie werden von Pilzen zwecks Vermehrung und Ausbreitung gebildet.
14. Auch in der Marmelade können Pilze wachsen, nämlich als …
15. sehr teure Pilzart, die von dressierten Hunden oder Schweinen aufgespürt wird

BLATT 35

Aufbau der Blütenpflanzen

Beschrifte die Teile der Tulpe. Verwende immer den Anfangsbuchstaben des Symbolbildes unter der Linie. Was bedeutet das Lösungswort?

Beachte:
Ä = AE Ö = OE
Ü = UE ß = SS

Ich locke Insekten mit meiner leuchtenden Farbe an.

B L U E T E

In mir liegen die Hauptleitbahnen für Wasser und Nährstoffe.

S T A E N G E L

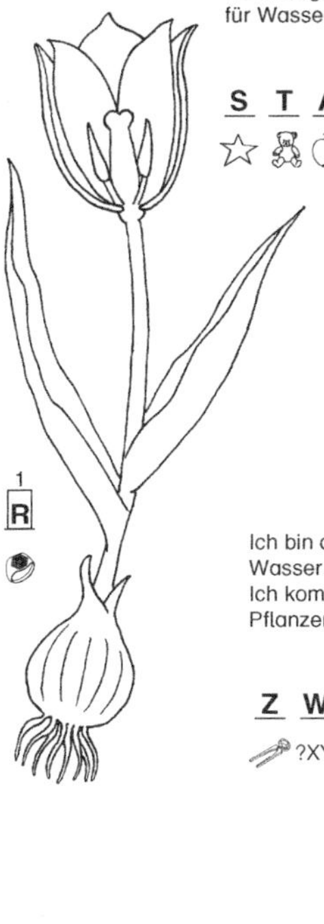

In uns werden die Nährstoffe hergestellt, die die Pflanze zum Wachsen braucht. Dazu wird Licht benötigt. Unser grüner Farbstoff heißt Chlorophyll.

B L A E T T E R

Ich bin der Vorratsspeicher für Wasser und Nährstoffe. Ich komme nicht bei allen Pflanzen vor!

Z W I E B E L

Wir verankern die Pflanze fest im Boden und nehmen Wasser und Salze aus dem Boden auf.

W U R Z E L N

LÖSUNG: F R U E H B L U E H E R
1 2 3 4 5 6 7 8 9

BLATT 36

Blütenpflanzen

Beachte:
Ä = AE Ö = OE
Ü = UE ß = SS

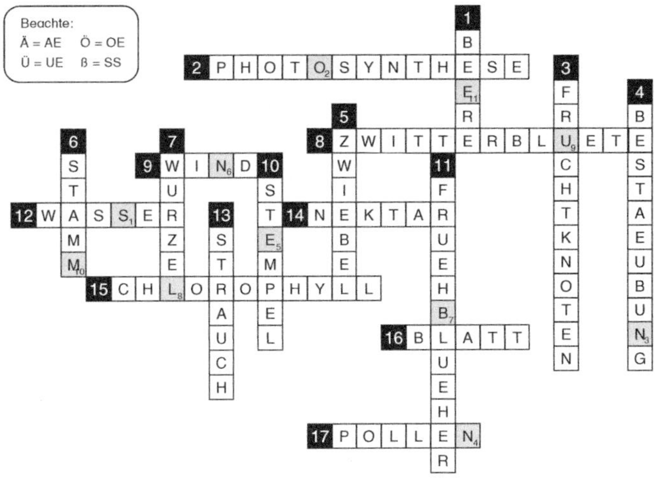

1. saftige oder fleischige Frucht, wie z. B. die Heidel…
2. Vorgang, bei dem die Pflanze ihre Nährstoffe selbst aufbaut und Sauerstoff abgibt
3. Er enthält die Samenanlage mit der Eizelle.
4. Übertragung der Pollenkörner einer Blüte auf die Narbe einer anderen Blüte
5. unterirdischer Vorratsspeicher, z. B. bei der Tulpe
6. verholzter Stängel
7. Teil der Blütenpflanze, der unter anderem der Verankerung im Boden dient
8. Blüte, die sowohl weibliche als auch männliche Organe besitzt (z. B. Kirschblüte)
9. Die Blütenbestäubung kann z. B. durch den … erfolgen.
10. weibliches Blütenorgan, das aus Fruchtknoten, Griffel und Narbe besteht
11. Pflanzen, die im Frühjahr als erste blühen
12. Aus dem Boden nimmt die Pflanze … mit darin gelösten Nährsalzen auf.
13. verholzte Blütenpflanze, die kleiner ist als ein Baum
14. Ihn sammeln Bienen in den Blüten und machen daraus Honig.
15. grüner Blattfarbstoff
16. Die Blütenpflanzen bestehen aus den Grundorganen Wurzel, Spross und …
17. Blütenstaub

Als Lösungswort erhältst du den Namen einer Blütenpflanze, die seit dem 16. Jahrhundert bei uns angebaut wird. Sie stammt aus dem subtropischen Amerika und kann eine Höhe von 4 m erreichen. Aus ihren Samen lässt sich wertvolles Speiseöl herstellen.

LÖSUNG: S O N N E N B L U M E
1 2 3 4 5 6 7 8 9 10 11

BLATT 37

Blätter

In den grünen Blättern der Pflanzen findet ein wichtiger Vorgang statt, bei dem mit Hilfe von Sonnenlicht aus Wasser und Kohlendioxid Traubenzucker und Sauerstoff produziert wird. Er heißt

H	Y	P	O	S	T	E	O	N	H	E	T	S

P	H	O	T	O	S	Y	N	T	H	E	S	E

Vorwiegend aus abgestorbenen Blättern und anderen Pflanzenteilen, aber auch aus Tierausscheidungen und Kadavern, entsteht eine Bodenschicht, die wichtige Nährstoffe enthält. Sie heißt

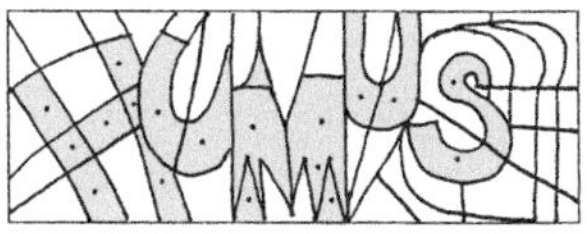

Male alle Felder mit Punkt an!

Blätter können die unterschiedlichsten Formen haben. Um sie genau zu beschreiben, unterscheidet man Blattformen und Blattränder. Im Suchgitter sind 7 Eigenschaftswörter versteckt. Suche sie und ordne sie den entsprechenden Blättern zu.

Blattformen:

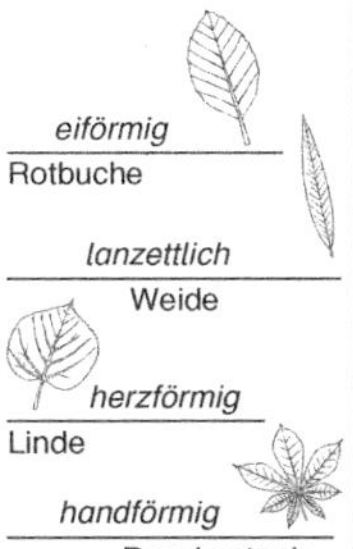

eiförmig – Rotbuche
lanzettlich – Weide
herzförmig – Linde
handförmig – Rosskastanie

L	F	H	A	A	K	N	B	E	R	T
A	S	D	V	I	Ö	Ä	M	W	J	H
N	E	I	F	Ö	R	M	I	G	U	E
Z	A	Z	H	E	R	G	N	K	D	R
E	Y	G	B	Ä	G	O	I	P	D	Z
T	C	F	A	K	E	I	L	E	E	F
T	H	P	R	L	S	S	V	H	M	Ö
L	O	G	E	Z	Ä	H	N	T	B	R
I	Q	N	U	F	G	L	A	T	T	M
C	S	Ö	T	T	T	R	S	E	Ü	I
H	A	N	D	F	Ö	R	M	I	G	G

Blattränder:

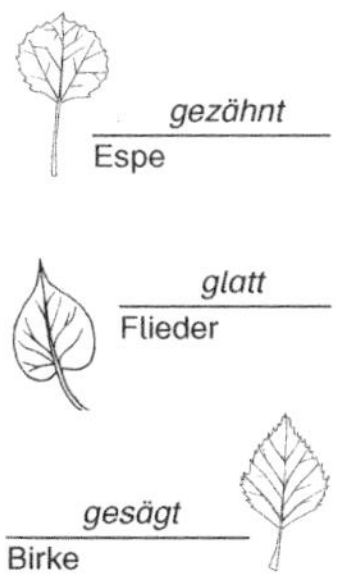

gezähnt – Espe
glatt – Flieder
gesägt – Birke

BLATT 38

Nadelbäume

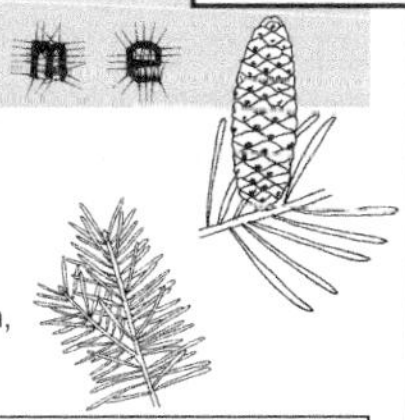

Wie gut kennst du dich mit Nadelbäumen aus?

Verbinde zusammengehörende Satzteile.

Buchstaben, die nicht von einer Verbindungslinie getroffen werden, ergeben das Lösungswort. (Lies von oben nach unten!)

Nadelbäume gehören zur Gruppe der	K, L	meistens nadelförmig, seltener bandförmig.
Die Blätter von Nadelbäumen sind		das in der Möbelindustrie verwendet wird.
Die meisten Nadelbäume tragen ihre Samen in	A	hängen und fallen als ganze Zapfen ab.
Die Fichte hat ein weiches Holz,	I, F	„Nacktsamer".
Am Querschnitt des Stammes kann man erkennen,	(F), (O)	verholzten Zapfen.
Die Zapfen der Fichte	(R)	stehen aufrecht und zerfallen am Baum.
Die Zapfen der Tanne	E	sehr empfindlicher Baum.
Die Tanne ist ein gegen Luftverschmutzung	M	steht in Europa unter Naturschutz.
Die Lärche ist ein sommergrüner Nadelbaum, ihre Nadeln	(S), R, (T)	wie alt der Baum ist. (Jahresringe!)
Die Eibe ist in freier Natur ein sehr seltener Baum und		wird auch Legföhre oder Bergkiefer genannt.
Die an trockenen Kalkbergen wachsende Latsche	O, (E)	färben sich im Herbst gelb und fallen ab.

Was kannst du über diesen Begriff in deinem Biologiebuch finden?

FORSTE sind künstlich angelegte Baumpflanzungen.

BLATT 39

GETREIDE-PUZZLE

Schneide die Puzzleteile unten aus. Auf jedem Bildteil befindet sich die Lösung zu einer Frage im oberen Puzzlegitter. Wenn du die Sätze richtig zusammenfügst und die Puzzleteile entsprechend aufklebst, erhältst du ein Bild, das etwas mit Getreide zu tun hat.

Weißt du, woher der Name kommt?

Er kommt aus dem Englischen und bedeutet wörtlich „Knall-Mais".

Unsere Hauptgetreidearten gehören zur Familie der **Süßgräser.**
Gräser haben nur ein einziges Keimblatt. Man nennt sie **einkeimblättrig.**
Die Bestäubung erfolgt beim Getreide durch den **Wind.**
Ein Getreidefeld besteht aus einer einzigen Pflanzenart, es ist eine **Monokultur.**
Beim Mais nennt man den Fruchtstand **Kolben.**
Das Herkunftsland von Mais ist **Amerika.**
Die Gerste hat sehr lange **Grannen.**
Weizen hat meist **keine Grannen.**
Aus Gerste wird z. B. **Malz und Grieß** hergestellt.
Aus **Weizen** werden z. B. Teigwaren und Weißbrot hergestellt.
Roggenmehl verwendet man z. B. für **Schwarzbrot.**
Der Blütenstand von Roggen, Weizen und Gerste heißt **Ähre.**
Den Blütenstand des Hafers nennt man **Rispe.**
Der **Kornkäfer** ist ein Getreideschädling und wird mit Insektiziden bekämpft.
Roggenhalme werden bis zu 2 m lang.
Den Großspeicher für Getreide nennt man **Silo.**

Gerste Weizen Hafer Roggen

BLATT 40

SÜDFRÜCHTE

Viele Obstsorten, die es hier das ganze Jahr über zu kaufen gibt, wachsen gar nicht bei uns. Sie werden in wärmeren Ländern angebaut und zu uns geliefert (importiert).

In dem Suchgitter sind 18 Südfrüchte versteckt.
Suche sie und trage sie in die Tabelle ein.

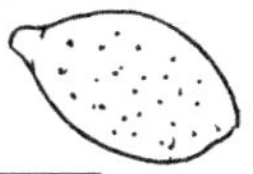

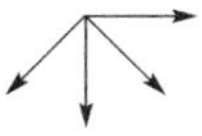

Beachte:
ß = SS

S	G	M	M	Y	K	D	Y	A	O	G	M
T	I	R	T	A	A	I	V	O	R	B	A
E	A	E	A	T	N	O	W	A	A	A	R
R	Q	N	T	N	C	D	P	I	N	N	A
N	D	E	A	A	A	E	A	A	G	A	C
F	L	J	D	N	F	T	F	R	E	N	U
R	V	O	O	R	A	M	A	E	I	E	J
U	V	Y	U	J	L	S	E	P	I	N	A
C	Z	I	T	R	O	N	E	L	F	G	E
H	T	P	A	P	A	Y	A	A	O	E	E
T	K	O	K	O	S	N	U	S	S	N	L
L	I	T	C	H	I	M	A	N	G	O	E

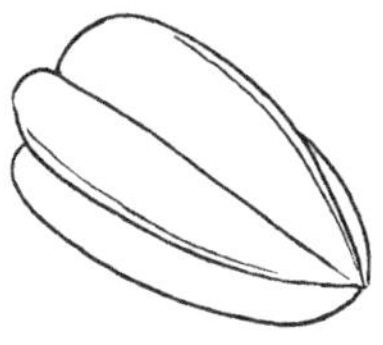

Ananas	Grapefruit	Maracuja
Avocado	Kiwi	Melone
Banane	Kokosnuss	Orange
Dattel	Litchi	Papaya
Feige	Mandarine	Sternfrucht
Granatapfel	Mango	Zitrone